首爾地鐵圖

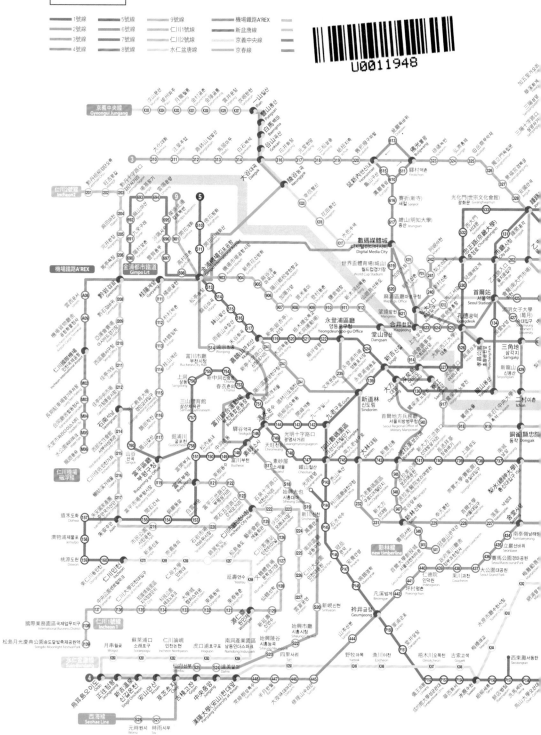

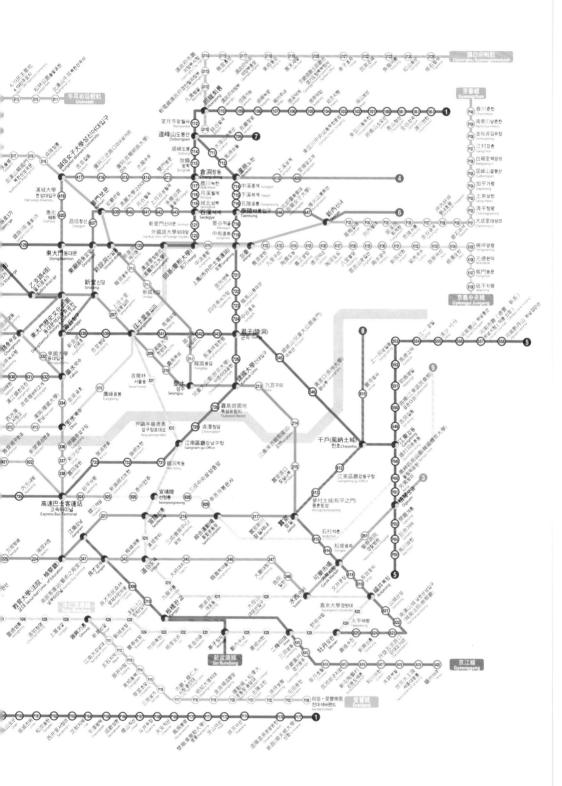

出發！首爾自助旅行

一看就懂旅遊圖解 Step by Step

NO.28

2024~2025

MOOK

一看就懂旅遊圖解 Step by Step

出發！首爾自助旅行 2024~2025

NO.28

目錄

認識首爾

首爾的地鐵網路遍佈都會圈裡的每個角落，各大觀光景點都能從地鐵站走得到；市區雖大，重要旅遊點卻相當集中，利用地鐵串連區域慢慢逛、細細品味，領略首爾多元化的魅力。想要接近更在地的韓國可將腳步踏往郊外，利用地鐵及巴士前往京畿道或江原道，體驗不同的自然風情。

文／墨刻編輯部
攝影／墨刻攝影組

BEFORE GO TO
SEOUL

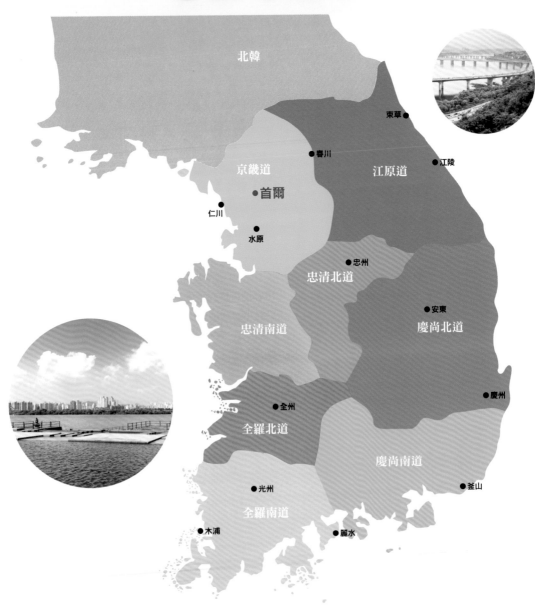

北韓

京畿道

●首爾

仁川

水原

春川

束草

江陵

江原道

忠州

忠清北道

忠清南道

安東

慶尚北道

全州

全羅北道

光州

全羅南道

木浦

麗水

慶尚南道

慶州

釜山

濟州道

認識首爾

行前準備

機場介紹

當地交通

主題旅遊

常見問題

首爾在哪裡？

　　首爾位於朝鮮半島的中部偏西北，北有北漢山、道峰山、冠岳山等天然屏障，中有南山橫亙與漢江流經，形勢完固。首爾也是韓國政治、經濟、社會及文化的樞紐，全韓國有1/4的人口聚集在首爾市，齊集流行精品與潮物美妝，還有前朝遺留的舊城古跡。

鷹峰山

鷹峰山位在城東區，可以俯瞰漢江與美麗的城景。

到首爾觀光大約需要幾天？

　　如果想體驗首爾的不同風貌，至少需要4天3夜。首爾市區雖大，但是重要旅遊點很集中，像是光化門、鍾路、明洞、仁寺洞等地，其實都在步行可達的範圍之內，每天只要利用一、兩趟地鐵，然後鎖定某個區域慢慢逛、細細品味。

江北的傳統氛圍、江南的科技先進、漢江公園的閒情逸致。

氣候怎麼樣？

　　首爾屬於溫帶季風氣候，四季分明。春季早晚溫差較大，夏季受夏季風的影響，高溫多雨，秋季天氣乾爽晴朗，冬季比同緯度的其他城市寒冷，但降雪機率不大。

首爾氣候大多晴朗乾燥，讓皮膚敏感的人多做保濕。

首爾分區簡介

　　首爾市區依漢江畫分為江南、江北兩大區域，在朝鮮時期江北是作為政治與經濟重鎮，在此區域存留下眾多歷史古蹟，景福宮、光化門、北村等充滿韓國傳統色彩的美麗也完整的保存至今，或因學生聚集而形成的弘大、梨大等大學商圈，江北成為旅人體驗最道地韓式風情的區域。

第一次到首爾的旅人必訪位在南山的——首爾塔。

哪個季節最美？

　　想要看到最美的風景，當然要事先確認最佳旅遊季節。韓國是典型「四季分明」的國家，每年3月到5月為春季，會有梅花、木蘭花、迎春花、櫻花等陸續盛開；9月到11月為秋季樹葉紛紛轉紅，還有為數頗眾的銀杏樹黃葉繽紛，也是最美麗的季節。

春櫻、秋楓屬於首爾最美的季節限定美景。

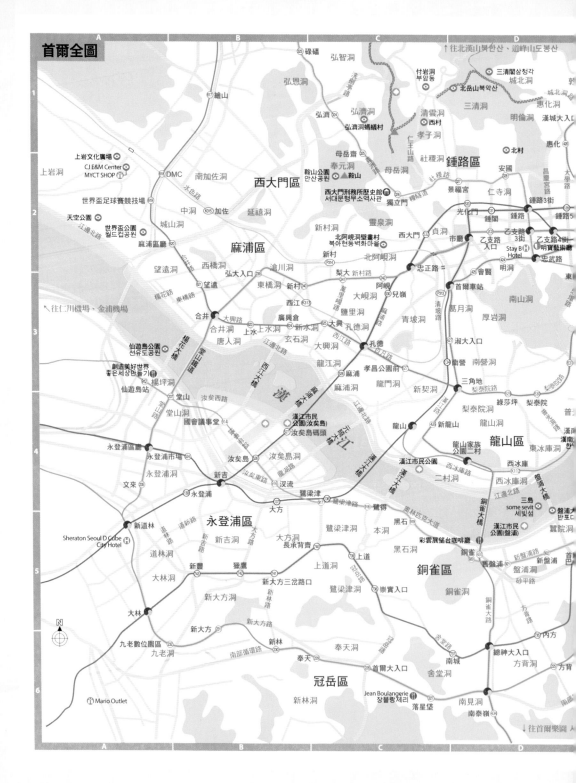

首爾全圖

認識首爾

行前準備

機場介紹

當地交通

主題旅遊

常見問題

SEOUL
TRAVEL GUIDE

首爾每個區域都具有不同的氣氛，由漢江切分為北南的生活節奏截然不同，以下詳細介紹各個分區以及首爾近郊，挑選幾個自己喜歡的地方放進行程表內，感受不同的首爾印象。

弘大商圈
홍대

弘大商圈指弘益大學、合井站、上水站一帶，一如弘益大學的藝術學風，周邊商圈也洋溢著年輕、不羈的自由氣息，最新餐廳、特色咖啡逛都逛不完。

景福宮·光化門·西村
경복궁·광화문·서촌마을

景福宮是朝鮮王朝始祖所建的皇宮，而光化門是它的南面大門，門裡門外都有可觀的歷史痕跡；西村復古巷弄則是興起的人氣景點。

仁寺洞·鍾路
인사동·종로

鍾路區保留有許多珍貴的宮殿、寺廟、古老韓屋，是遊首爾最重要的地區；仁寺洞商圈則帶著傳統舊時光的氣氛。

首爾站·南山
서울역·남산

首爾的必訪地點之一——N首爾塔，坐上纜車登高欣賞首爾的瑰麗夜景，這裡也是多部韓劇的熱門取景地點，看完夜景再到首爾站的樂天超市採買伴手禮。

北村·三清洞
북촌·삼청동
想要貼近韓屋歷史、體驗傳統之美記得走一趟北村；三清洞的特色咖啡館更等著你來探訪。

城北·付岩洞
성북·부암동
靠近山區的城北洞，上下坡的崎嶇地形是特點，依山建蓋的房屋更具特色，還有「住城北即是富人」一說。

惠化·大學路
혜화·대학로
1946年首爾大學在此創立，大學生與年輕人開始在此聚集活動，這裡更以劇場表演著名，展現首爾不同的藝術文化魅力。

明洞
명동
明洞對於初訪首爾的旅人無遺是最安心的景點，區域內每間店家都備有中文店員，氣氛近似台北西門町，讓你買好買滿！

東大門
동대문
東大門是首爾最具代表性的24小時批發商圈；新地標—東大門設計廣場(DPP)也為東大門帶來全新的時尚氣息。

新堂洞
신당동
新堂洞一帶原先以1950年代開始營業的辣椒醬辣炒年糕街聞名，但近年來成為新興地區，在老舊的巷弄中出現了許多極具特色的美食餐廳與咖啡廳，也是這一新舊文化的矛盾融合深入韓國年輕人喜愛！

認識首爾

行前準備

機場介紹

當地交通

主題旅遊

常見問題

往十里
왕십리

往十里為首爾地鐵最重要的交匯站之一，四通八達的路線讓它成為城東區域中心。

建大商圈
건대

建大是指以工學聞名的建國大學，臨近的世宗大學也讓建大商圈成為學生最喜歡的聚會地點。

聖水洞
성수동

因首爾城市文藝復興計劃，讓原本是工業區的聖水洞搖身一變成為Hot Place！各間改造自舊屋的咖啡館更是引人注目。

梨泰院
이태원

梨泰院過去因美軍基地而發展，爾後成為外國居民的聚集地，各種異國美食餐廳讓你體驗不同的首爾風情。

江南
강남

提到「江南」，一般腦海中就會浮現「高級」的印象：全首爾最貴的地段，高樓大廈林立，點與點之間的距離比較遠，和漢江以北是截然不同的都市印象。

汝矣島
여의도

汝矣島是填補漢江而成的人工島，是韓國的政治、經濟中心；島上廣大的綠地與河畔步道，吸引民眾前來散步，在汝矣島可以利用漢江遊船欣賞首爾的城市風景。

新沙洞林蔭道
가로수길

新沙洞林蔭道街道兩旁聚集流行元素滿點的服飾店，秋時金黃色的銀杏，更為大道妝點浪漫氣氛，逛累了也有不少氣氛、設計感俱佳的餐廳和咖啡館可休息。

狎鷗亭‧清潭洞
청담동‧압구정

狎鷗亭的店家設計、品質、服務和消費皆高檔；清潭洞可說是首爾最昂貴的地段，此區塊因入住眾多韓國政商名流著名，沿街的國際精品店更顯不同的生活氣息。

仁川
인천

仁川有展現新都市樣貌的松島中央公園、熱鬧的中華街、松月洞童話村，和以文化藝術與表演遊樂受到矚目的月尾島等仁川必訪景點。

京畿道‧加平／楊平
경기도‧가평／양평

京畿道加平、楊平因周邊群山環繞，加上清平湖的美麗湖畔景色，形成絕佳觀光地理環境，加平知名的清平湖畔、晨靜樹木園等，都是韓國人最愛的避暑聖地。

京畿道‧坡州
경기도‧파주

位在首爾市北方的坡州，是韓國最靠近北韓的行政區域，撇開軍事政治不談，坡州有著數個特色小鎮，都是值得造訪的地方。

認識首爾

行前準備

機場介紹

當地交通

主題旅遊

常見問題

11

京畿道・水原
경기도・수원

　　由古牆圍抱著的典雅城市—水原，位於首爾南方，整座城市帶著濃厚的歷史色彩。由西學淵博的丁若鏞興建華城，有緬懷先人的心意，更寄託開創未來的企圖心。

京畿道・板門店
경기도・판문점

　　位於首爾北方約60公里，以北緯38度線為界延伸的非武裝地帶，對南北韓人民來說是雖近卻遠的地方，對外國旅客來說只要參加指定觀光團即有機會窺探一番。

江原道・江陵
강원도・강릉

　　江陵端午節有韓國最古老的端午祭禮，被登記為世界無形文化遺產；前些年因韓劇《鬼怪》引起觀光潮，每年夏天因絕美的海景吸引韓國人來避暑，臨近的海邊咖啡廳也是韓國人最愛的旅遊聖地。

江原道・春川
강원도・춘천

　　春川是江原道道政廳的所在地，城市雖小，卻因四周的人工湖泊圍繞而成為外圍城市居民的周休旅遊地。春川市以孔之川附近的地區為中心區，規劃完善的地下購物商街，以及春川明洞、春川雞排一條街等都在此區。

江原道・雪嶽山
강원도・설악산

　　雪嶽山為韓國東部最高的國家公園，主峰大清峰海拔1780公尺，山色隨著四季更迭而變化，春、夏頂著綠意徜徉山林溪谷間，心曠神怡；秋楓，滿山火紅，為雪嶽山奇岩峻石的剛硬線條更添幾許柔媚。

SEOUL
FOUR SEASONS

認識首爾

行前準備

機場介紹

當地交通

主題旅遊

常見問題

春 百花盛開

首爾除了印象中的購物美食，四季的大自然景色絕別錯過！由3月底開始的櫻花季打頭陣，迎來春天的小黃花迎春花，一直到5月的杜鵑花，百花齊放的首爾充滿春意。

石村湖水公園
석촌호수공원

包圍著樂天世界的石村湖水公園，在春天可是會開滿一整圈的櫻花，沿著湖水外圍步道走，櫻花與湖中樂天世界的城堡相映出夢幻景色，非常浪漫。這裡同時也是黃色小鴨曾經逗留之處，近年也時常在湖上有大型展示吸引人群。

🏠首爾市松坡區三學士路136；서울 송파구 삼학사로 136 🚇2、8號線蠶室站2、3號出口徒步約6分

慶熙大學
경희대학교

1949年成立的慶熙大學，是韓國排名前3名的知名學府，以哥德式建築校園聞名，歐風建築讓校園壯闊優雅，特別是高聳的和平殿堂廣為眾人所知，是舉辦各種頒獎典禮等大大小小活動的租借場所。

春天一到，慶熙大學就搖身一變成為熱門賞櫻名所，校園內種植眾多櫻花樹，粉嫩櫻花與哥德式建築相映成趣，堪稱是最美麗的校園之一。

🏠首爾市東大門區慶熙大路26；서울 동대문구 경희대로 26 🌐www.kyunghee.edu 🚇1號線回基站1號出口，轉搭往慶熙醫療院的1號綠色小巴於終點站下車

鞍山公園
안산공원

時常在韓劇中出現的櫻花紛飛場景，是首爾的人氣賞櫻名所──鞍山公園，櫻花季節來臨時，整座公園被層層疊疊交錯的櫻花林所覆蓋，在一整片淺粉世界下漫步或野餐浪漫無比。有時間的話，可以走到鞍山公園山腳下的弘濟川欣賞瀑布，這條漢江以北的美麗河川旁都被規畫為自行車步道，是很不錯的休憩場所。

🚇2號線新村站1號出口，順著路直行並經過現代百貨約5分至gs25前的「現代百貨(현대백화점)」公車站，轉搭公車153、110A、7720號，或是3號出口出站後往右邊直行至運動鞋專門店FOLDER對面「延世路·名物街(연세로.명물거리)」公車站轉搭03綠色小巴，約15分至「西大門自然歷史博物館入口(서대문자연사박물관입구)」，下車後轉進右邊路口一直直走，走至小岔路時換到左邊人行道繼續直走可達公園入口

新手看這裡

在街道和校園就能賞櫻！

事實上，韓國各地都種植著許多櫻花樹，一般街道和校園內都能欣賞到翩翩櫻花，雖然不像各櫻花名所般擁有一株株豐滿又聚集的櫻花樹，看起來一整片地相當壯觀又美麗，但也可以小小欣賞一番，直接在校園或公園內野餐賞櫻也相當不錯。

首爾大學
서울대학교

首爾大學校園相當廣大，光是在校區裡就有好幾個公車站，很難只靠腳力逛完整個校園，但若純粹是追著櫻花而來，推薦直接轉搭公車至「자연대·행정관입구」，從這裡前往音樂學院的路上，以及圖書館附近，擁有為數不少的櫻花和其他花種。

🏠 首爾市冠岳區冠岳路1號；서울 관악구 관악로 1 🚇 2號線首爾大入口站3號出口前搭乘5511、5513號公車

鷹峰山
응봉산

因美麗夜景而聞名的鷹峰山，每年4月初黃澄澄的迎春花將山頭染成鮮豔的黃色，遠觀或近看都有不同魅力，且4月第一週的週末會在山頂八角亭舉行「鷹峰山迎春花節(응봉산 개나리축제)」。不妨在黃昏時分開始上山沿途欣賞迎春花，到達八角亭後等待夜色暗下就能遠眺首爾夜景。

🏠 首爾市城東區鷹峰洞鷹峰山；서울 성동구 응봉동 응봉산 🚇 2、5、中央、盆唐線往十里站10號出口直走約50公尺，搭乘公車2016、4211號於鷹峰山現代公寓(응봉동현대아파트，Eungbong-dong Hyundai Apt.)下車，徒步約15分

軍浦躑躅花園
군포철쭉동산

杜鵑花原名為躑躅(철쭉)，每逢春季4月末~5月初，從京畿道、仁川，至全羅南道、大邱以及慶尚南道，杜鵑花在韓國會全面盛開。位於京畿道軍浦的躑躅花園(철쭉동산)就是知名的杜鵑花名所，每年花季都會舉辦「軍浦躑躅節(군포철쭉대축제)」，小山坡上滿開超過9萬株艷紅的杜鵑花，人們沿著步道穿梭其間欣賞，舞台上則有不同的音樂和藝術表演，以及杜鵑花相關體驗，很適合情侶和親朋好友前來踏青。

🏠 京畿道軍浦市山本洞1152-10(躑躅花園)；경기도 군포시 산본동 1152-10(철쭉동산) 🚇 4號線修理山站3號出口徒步約10分

輪中路・汝矣島公園
윤중로・여의도공원

國會議事堂後方的輪中路是首爾知名的櫻花名所，道路兩旁植滿樹齡達30至40年的櫻花樹，綿延約6公里，共1,400多棵，每年有超過250萬人前來賞花。不止輪中路，像汝矣島公園或汝矣島的許多地方，也可看到百櫻齊放美景。

🚇 5號線汝矣渡口站2號出口徒步約10分；9號線國會議事堂站1號出口徒步約16分

夏 月光夜市

夏天充滿熱氣的首爾,除了在百貨、咖啡廳吹冷氣避暑,在漢江畔舉行的夜晚市集與月光噴泉也深受好評!初夏的紅花「虞美人」也是不容錯過的美景。

首爾夜貓子夜市
서울밤도깨비 야시장

自2015開始的首爾夜貓子夜市齊聚美食餐車和手工藝攤,為首爾夜晚點綴不同的文創氣息。每年約3月底至10月底在首爾市區舉辦,並在2016擴大舉辦,新增東大門設計廣場、清溪川等地點。

🏠首爾市永登浦區汝矣島路330;서울 영등포구 여의동로330 🌐www.bamdokkaebi.org 🚇5號線汝矣渡口站2號出口出站徒步約600公尺（汝矣島漢江公園）

©韓國觀光公社

©韓國觀光公社

其他夜市哪裡找?

清溪川時光之旅市集
🕐週六17:00~22:00、週日16:00~21:00
🚇5號線光化門站5號出口、1號線鐘閣站5號出口、2號線乙支路入口站1・2號出口出站往清溪廣場方向前進

盤浦大橋月光彩虹噴泉
반포대교 달빛무지개분수

盤浦大橋兩側共裝了380個噴嘴,利用抽水機把漢江水抽引上來,隨著空中播放的音樂翩翩起舞,成排白色的水柱,總長達1,140公尺,已被金氏世界紀錄認證為「全世界最長的橋樑噴泉」,晚上在七彩燈光的照映下,呈現出華麗的景象。

🏠首爾市瑞草區新盤浦路11街40;서울 서초구 신반포로11길40 🕐週一~五每日12:00、20:00、20:30、21:00場次、週六日追加19:30場次,每場表演約20分,7~8月週一~五增加19:30場次、週六日追加21:30場次(以上時間可能依天氣、季節有所變動) 🚇9號線新盤浦站2號出口,或3、7、9號線高速巴士巴客運站8-1出口徒步約25分;或從2號線瑞草站搭巴士405號於盤浦大橋站下,徒步約3分

富川上洞湖水公園
부천상동호수공원

位於富川的上洞湖水公園不僅是富川市民主要的休息勝地,也是虞美人的群落地,一到花期就會盛開多達30萬朵的虞美人花,整片鮮紅花田襯著公園中央的湖水,相當美麗,吸引大小朋友前來欣賞同樂。

🏠京畿道富川市遠美區Jomaru路15;경기도 부천시 원미구 조마루로 15 🚇7號線三山體育館站1號出口徒步約10分

認識首爾

行前準備

機場介紹

當地交通

主題旅遊

常見問題

15

秋 紅葉絕景

首爾的四季氣候分明，進入9月馬上能感受到秋高氣爽的溫度，更是適合出外旅遊的天氣，秋天的首爾有怎樣的美景呢？

晨靜樹木園
아침고요수목원

位於京畿道加平郡的晨靜樹木園，受到多部韓劇的加持下，已成為超級熱門的觀光勝地，不僅春夏有各種嬌豔欲滴的花朵盛開，秋天的紅葉更是不遑多讓的美麗。

⌂ 京畿道加平郡上面樹木園路432；경기도 가평군 상면 수목원로 432 ⊙京春線清平站2號出口，搭乘加平觀光巴士(往晨靜樹木園아침고요수목원方向)

成均館大學 明倫堂
성균관대학교 명륜당

成均館大學是首爾知名大學之一，延續1398年成立的朝鮮王朝的學堂成均館知名，成為歷史最悠久的大學，校園中的明倫堂也是韓幣千元大鈔上的圖案，而明倫堂中央豎立著600百年的銀杏樹，每到秋天美不勝收，成為首爾秋天必來的賞楓景點。

⌂ 首爾特別市鍾路區成均館路25-2 明倫堂서울특별시 종로구 성균관로 25-2 명륜당 ⊙08:00-18:00 ⊙4號線惠化站四號出口徒步約10分鐘

一山湖水公園
일산호수공원

一山湖水公園面積達30萬坪，種植品種眾多的野生花和樹木，花季期間百花盛開，還曾舉行過高陽花卉博覽會。除了春天，秋天的銀杏和紅葉，更能感受湖水公園的謐靜，和艷麗的春季有著截然不同的迷人魅力。

⌂ 京畿道高陽市一山東區湖水路595；경기도 고양시 일산동 구호수로 595 ⊙3號線鼎鉢山站1號出口徒步約10分

世界盃公園
월드컵공원

面積高達105萬坪的世界盃公園包含和平公園、天空公園、彩霞公園、蘭芝川公園與蘭芝漢江公園。其中天空公園可說是最知名景點，在世界盃公園中距離天空最近的公園，擁有數個觀景台及美麗景致的草地公園，到了秋天都被紅葉所染紅，還有大片的紫芒更是吸引眾多遊客前來造訪。

⌂ 首爾市麻浦區世界盃路243-60；서울 마포구 월드컵로 243-60 ⊙和平公園、蘭芝川公園：24小時；天空公園、彩霞公園：1月~20:00、2、10月~20:30、3、9月~21:00、4~5月~21:30、6~8月~22:00、11~12月~19:30 ⊕worldcuppark.seoul.go.kr ⊙6號線世界盃體育場站1號出口徒步約5分

首爾的秋天還有這些美景…

奧林匹克公園
월드컵공원

奧林匹克公園是因為1988年漢城(首爾)奧運而建,擁有休憩、體育、文化藝術、歷史和教育等空間的多用途公園,園內的百濟時代遺址和現代體育場並存,森林和綠地的休閒空間更是極寬廣,可說是首爾最大的綠地公園之一,也是韓國最早的運動殿堂。

園內的玫瑰花園種植有多種各色玫瑰,艷麗玫瑰與仿希臘圓柱搭配,相當美麗;另一在野花坡(들꽃마루)種植整片的波斯菊,以及在起伏山丘上佇立著一顆孤獨樹(나홀로나무)可說是奧林匹克公園最著名景點之一,吸引許多婚紗攝影和廣告在此拍攝,在孤獨樹旁席地而坐,相當愜意。

🏠首爾市松坡區奧林匹克路424;서울 송파구 올림픽로 424 🌐www.olympicpark.co.kr 🚇5號線奧林匹克公園站3號出口出站,沿外牆直走,過了網球場後繼續直行至路口,玫瑰花園會出現在右側,玫瑰花園後方即是種植著波斯菊的野花坡

南怡島
남이섬

因韓劇《冬季戀歌》而成為知名觀光景點的南怡島,四季分明的景色相當迷人,尤其是數條筆直的銀杏樹和杉木林道,一到秋天,楓葉區的紅葉加上轉成金黃的銀杏,比冬季的雪景更添一份詩意。

🏠江原道春川市南山面南怡島街1;강원도 춘천시 남산면 남이섬길1 🚌京春線清平站2號出口,搭乘加平觀光巴士(往加平客運站가평터미널方向)

認識首爾

行前準備

機場介紹

當地交通

主題旅遊

常見問題

冬 限定燈節

冬季的首爾天氣特別寒冷，讓人不禁想來杯熱咖啡，更是與情人相互依偎的好時節，在首爾市區及近郊都有美麗的冬季童話登場！

小法國村
쁘띠프랑스

小法國村以「花、星星、小王子」作為主題，由16幢法國建築構成的小法國村，有《小王子》作者聖‧埃克絮佩里紀念館、法國傳統住宅展示館，以及收藏許多音樂盒、歐洲玩偶和骨董的展示館；夜晚一到歐風小屋打上五彩燈光，彷彿進入童話小鎮般。

京畿道清平面湖畔路1063；경기도 가평군 청평면 호반로1063 ● 週日~四9:00~18:00，週五~六9:00~20:00 ● 全票₩10,000、優待票₩6,000~8,000 ● www.pfcamp.com ● 京春線清平站或加平站轉搭加平觀光循環巴士，車資₩6,000

抱川香草島樂園
포천허브아일랜드

京畿道抱川市新北面青新路947街35；경기도 포천시 신북면 청신로 947번길 35 ● 5~10月9:00~22:00，週六和國定假日9:00~23:00，11~4月9:00~22:00，週六和國定假日9:00~23:00 ● 全票₩6,000、優待票₩4,000 ● www.herbisland.co.kr ● 1號線逍遙山站1號出口對面搭乘巴士57、57-1、57-2、57-3、57-4號，約25分至「三政里香草島樂園(삼정리허브아일랜드)」下車，徒步約10分

位在京畿道抱川市的香草島樂園，於1998年開幕，是韓國最大規模的室內香草植物園，在浪漫的歐式建築和貢多拉運河之間，可看到180多種香草植物，欣賞香草的戶外庭園、香草博物館與生活香草展示館；夜間點亮的五彩燈光，使薰衣草花海搖身一變成為五彩燈海，美不勝收。

山井湖小鴨雪橇
산정호수썰매축제

京畿抱川市永北面山亭湖水路411號街108；경기 포천시 영북면 산정호수로411번길108 ● 每年12月底至2月初(依公布日期為主)10:00~17:00 (周末或公休日至17:30) ● 遊樂設施₩6,000~20,000 ● 到東首爾客運站轉搭紅色巴士3001-1至永北農協站下車再轉乘計程車約10分鐘

新手看這裡

首爾近郊滑雪去

Alpensia渡假村
알펜시아 리조트
首爾因地勢關係在冬天少有降雪，如想親眼見到雪景不妨將腳步踏往郊外。位在江原道平昌的

Alpensia渡假村，結合滑雪與飯店住宿，冬天一到總會吸引眾多熱愛滑雪的旅人前來。渡假村內的滑雪跳台也是2018年平昌冬季奧運舉辦地點。

江原道平昌郡大關嶺面率峰路325；강원도 평창군 대관령면 솔봉로 325 ● www.alpensiaresort.co.kr ● 可從仁川、金浦機場搭乘Daewon Express (紫色巴士) 前往。仁川機場:1F1號門口對面公車站1C，班次7:30、9:30、15:00、16:30；金浦機場國內航廈1號門口公車站11-2，班次8:00、10:00、15:30、17:00。首爾市區出發班次可至網址查詢:www.tourtokorea.com/bus-2

SEOUL
LOCAL GOURMET

認識首爾

行前準備

機場介紹

當地交通

主題旅遊

常見問題

道地美食

烤得滋滋作響的豬五花、香辣的泡菜、超酥脆的迷人韓式炸雞、Q彈勁道的豬腳、國民小吃辣炒年糕，一盤盤地道韓式美食送上桌！

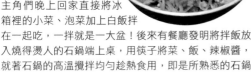

拌飯
비빔밥

如果不知道吃什麼，來碗拌飯就對啦！在韓劇中常常看到主角們晚上回家直接將冰箱裡的小菜、泡菜加上白飯拌在一起吃，一拌就是一大盆！後來有餐廳發明將拌飯放入燒得燙人的石鍋端上桌，用筷子將菜、飯、辣椒醬，就著石鍋的高溫攪拌均勻趁熱食用，即是所熟悉的石鍋拌飯。

 哪裡吃　全州中央會館전주중앙회관（明洞）
🚇中區洞路8街19；중구 명동8나길19

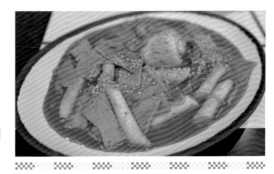

辣炒年糕
떡볶이

辣炒年糕是韓國人最愛的小吃，年糕口感Q且嚼勁佳。辣炒年糕是使用辣椒醬，加上高麗菜、大蔥、洋蔥一起拌炒，有的店家還會加進拉麵、水煮蛋、豆皮或魚丸等，有些會加上起司片，中和辣度又帶點奶香。

 哪裡吃　馬福林婆婆辣炒年糕마복림 할머니 떡볶이（東大門）
🚇中區茶山路35街5；중구 다산로35길 5

紫菜飯捲
김밥

紫菜飯捲就是常見的海苔壽司，壽司米飯拌上香油和鹽，海苔舖上米飯，捲進胡蘿蔔、泡菜、炒肉、火腿、煎蛋、醃黃蘿蔔，再切成適當厚度即可食用。另一款忠武飯捲則是海苔捲上白飯，再配著辣蘿蔔及辣魷魚一起吃。

 哪裡吃　忠武飯捲충무김밥（明洞）
🚇中區明洞10街10；중구 명동10길10

烤腸
곱창

韓國烤腸主要有烤牛大腸和豬大腸，店家多以瓦斯爐搭配鐵盤烹調，是韓國人聚餐後續攤的好選擇。烤大腸香脆有嚼勁，可以直接吃品嘗原汁原味，也可以依喜好在生菜、芝麻葉裡包上大蒜、辣椒、醃漬洋蔥蘸醬吃下。

 哪裡吃　九孔炭烤腸구공탄곱창（弘大）
🚇麻浦區楊花路6街77；마포구 양화로6길 77

烤豬五花
삼겹살

　　在過去豬五花是用來替代昂貴牛肉的廉價肉品，後來店家陸續發明用白酒醃漬、香料熟成等新做法，讓這道料理一躍成為餐桌上的明星。豬肉在石板上烤得滋滋作響，配上芝麻葉、生菜一起送入嘴裡，肥而不膩讓人一口接一口。

 哪裡吃　烤肉村구이마을（新村）
⌂ 西大門區滄川洞33-25；서대문구 창천동 33-25

解酒湯
해장국

　　具有解酒功效，料理方式依地區而異，一般是用牛血、牛骨肉，以及大白菜、豆芽菜、牛血塊、蘿蔔、大蔥、豆醬熬煮而成，也有使用豬肉代替牛肉的做法。最常見的有以豬排骨加辣椒粉、大蔥等一起煮沸而成的排骨解酒湯(뼈 해장국)，或是清爽的豆芽解酒湯(콩나물 해장국)。

 哪裡吃　南山湯飯남산찌개（弘大）
⌂ 麻浦區獨幕路3街8；마포구 독막로3길 8

馬鈴薯排骨湯
감자탕

　　馬鈴薯排骨湯源自韓國的三國時代，在全羅道地區因牛隻需要農活，所以使用豬骨代替牛骨熬湯，之後發展出加入馬鈴薯，以及紫蘇、茼蒿、金針菇、泡菜、冬粉等配料的馬鈴薯排骨湯。

 哪裡吃　三亥家삼해집（鐘路）
⌂ 鍾路區水標路20街；종로구 수표로20

部隊鍋
부대찌개

　　部隊鍋顧名思義是發祥自韓國部隊的美味。軍人們在操兵練習完畢後，將香腸、香菇、豆腐等各式雜菜丟進鐵鍋中，以味噌和高湯做底，再加上一大匙辣醬，香辣夠味讓人欲罷不能。尤其是吃到後頭再加入一包韓國泡麵，保證份量十足。

 哪裡吃　吃休付走먹쉬돈나（三清洞）
⌂ 鍾路區栗谷路3街74-7；종로구 율곡로3길 74-77

韓式豬腳
족발

　　韓式豬腳和台式豬腳略有不同，多使用瘦肉長時間燉煮，吃起來不油膩、香滑嫩Q，皮肉筋韌中帶脆，沾上獨特沾醬包進生菜中，或者單吃都能吃到滿滿的膠原蛋白。除了一般調味，還會加入人蔘、味噌或水果滷，增加香甜口感。

哪裡吃　漢陽豬腳한양할머니족발（東大門）
　　中區獎忠壇路178；중구 장충단로 178

人蔘雞湯
삼계탕

　　印象裡的人參雞應該在冷颼颼的冬天享用吧？！韓國人可是為了夏天容易耗費體力，而以人蔘雞補身。人蔘雞是將紅棗、人參、糯米、大蒜等材料填進童子雞，放進陶鍋中熬煮。經過長時間悶煮，用筷子就可輕鬆將雞肉分散食用，直接享受原味或蘸胡椒鹽吃同樣美味。

哪裡吃　土俗村蔘雞湯토속촌 삼계탕（景福宮）
　　鍾路區紫霞門路5街5；종로구 자하문 로 5 길 5

一隻雞
닭한마리

　　採用出生後35天的土雞稍為蒸煮後，馬上丟入原味雞湯裡，和大量的蔥、蒜煮到沸騰。雞湯內除了薄鹽不添加化學調味料，藉由蔥蒜讓口感層次分明。肉質極其細嫩卻帶有彈牙嚼勁，沾上醋、醬油、辣醬調成的醬汁一同食用，滋味更足。

哪裡吃　陳玉華奶奶一隻雞진옥화할매원조닭한마리（東大門）
　　鍾路區鍾路40路街18；종로구 종로40 길 18

辣炒雞排
닭갈비

　　在醬料內放入切塊雞肉醃製，再和高麗菜、大蔥、米糕、蕃薯條放進鍋中拌炒。鮮嫩雞肉配上甜辣醬汁，單吃或用葉菜包著吃，份量十足又均衡的美味料理。肉吃完可再加點飯、麵和蘸醬汁再炒一盤。

哪裡吃　柳家辣炒雞排유가네（明洞）
　　中區明洞10巷7-4；중구 명동10가길7-4

認識首爾

行前準備

機場介紹

當地交通

主題旅遊

常見問題

21

韓式炸雞
후라이치킨

　　韓式炸雞的特色是外酥內嫩，以及裹上辣醬、甜醬、蜂蜜芥末等調味炸雞，酸甜的醃漬白蘿蔔和冰涼啤酒是韓國吃炸雞的「基本配備」。晚上嘴饞想吃宵夜時，只要一通外送電話，就可以吃到熱騰騰又香噴噴的美味炸雞！

哪裡吃　KyoChon橋村炸雞교촌치킨（弘大）
🏠麻浦區楊花路16街6；마포구 양화로16길 6

雪濃湯
설농탕

　　以牛肉和牛骨熬煮十幾小時到一天，不斷去蕪存菁才完成的雪濃湯，口感香湯溫醇爽口，營養成分豐富，最適合在喝完烈酒後來一碗墊胃補身。呈乳白色的雪濃湯沒有經過調味，端上桌後才由顧客酌量添加鹽，喝完會有回甘的感覺。

哪裡吃　神仙雪濃湯신선설농탕（明洞）
🏠中區明洞路56-1；중구 명동길56-1

燉雞
찜닭

　　燉雞是使用切塊的鮮嫩雞肉加入特調的香辣醬料，配料有切片馬鈴薯、紅蘿蔔，以及寬冬粉等煮得香Q，甜辣而不麻，點上一盤重口味的燉雞配白飯吃，超有飽足感！

哪裡吃　鳳雛燉雞봉추찜닭（明洞）
🏠中區明洞9街17；서울 중구 명동9길17

烤韓牛
한우

　　高級的韓國牛肉一人份就要超過₩30,000。柔嫩的牛肉直接放到爐上燒烤，吃的時候再用剪刀剪成一口大小，單吃最能吃到牛肉的鮮甜，或是包上菜葉、生辣椒、黃醬、辣椒醬和泡菜，健康又解膩。

哪裡吃　牛室 韓牛特殊部位專門店우시야비프룸 한우특수부위전문점
🏠首爾江南區道山大路二七街16；서울강남구도산대로27길16

醬蟹
간장게장

以醬油醃漬生螃蟹可說是韓國人心頭好，也是一道相當下飯的海鮮料理。將花蟹帶殼放進煮好的漢方醬油中醃製7~10天，雖然經過醬油醃泡，仍不失蟹肉本身的鮮甜，蟹黃尤其美味，醃漬入味的生蟹肉口感Q嫩、不腥不膩。

 利庭園 리정원
🏠首爾西大門區延禧味路4號：서울 서대문구 연희맛로 4

大醬湯
된장찌개

有人說過要知道一家餐廳好不好吃，點上一碗大醬湯便知曉。在韓國大醬湯代表著媽媽的味道，是道家家都會做的家常料理。大醬類似日式味噌，但口味更鹹些，可以與海鮮、牛肉或蔬菜燉煮成湯，鹹香口味再配上一碗白飯就可以當一餐啦！

 益善洞121익선동121（鍾路）
🏠鍾路區敦化門路11街30；종로구 돈화문로11나길 30

豬血腸／血腸湯飯
순대 / 순대국

如果不喜歡乾吃或熱炒的血腸，不妨試試熱騰騰的血腸湯飯。經過長時間熬煮的豬骨湯降低血腸的腥味，可將醃韭菜加入湯中攪拌，搭配一碗白飯及泡菜、醃洋蔥等小菜，相當下飯，血腸湯中還有豬肉片或豬耳朵等內臟。

 月江釜山豬肉湯飯월강부산돼지국밥 (弘大)
🏠首爾麻浦區東橋路241-1；서울 마포구 동교로 241-1

炒碼麵
짬뽕

在韓國最受歡迎的中華料理之一「炒碼麵」，炒碼麵指的是辣炒海鮮湯麵，先用韓式辣粉拌炒白菜、紅蘿蔔、洋蔥等蔬菜，加入高湯煮沸後放進鮮蝦、花枝、孔雀蛤，最後澆上麵條即是香辣噴火的炒碼麵。

 來來 라이라이(西大門)
🏠首爾西大門區延禧路15街27 1樓；서울 서대문구 연희로 15길 27 1층

認識首爾

行前準備

機場介紹

當地交通

主題旅遊

常見問題

23

炸醬麵
짜장면

在韓國初期出現的炸醬麵是將炒好的中國大醬「春醬」放在麵條上，稱為「炒醬麵」，後來在麵條放上蔬菜和肉，春醬裡加入焦糖，才做出韓國人熱愛的炸醬麵。韓國人最愛的吃法就是炸醬麵配上黃蘿蔔，再加上糖醋肉、煎餃就是完美組合！

哪裡吃　中華街차이나타운（仁川）
🔸 仁川中區中華街路；인천 중구 차이나타운로

冷麵
냉면

冷麵可分為平壤式、咸興式，韓國人吃完烤肉最愛來上一碗！平壤式冷麵是以蕎麥粉製麵，加入冷高湯，配上水煮蛋，黃瓜、梨子等蔬果切片；咸興式冷麵以蕃薯粉製麵口感較Q，拌上辣椒醬為底的醬料，配上小黃瓜、水煮蛋等拌著吃。因冷麵條長且韌，上菜前店家會先以剪刀剪斷麵條。

哪裡吃　南浦麵屋남포면옥（乙之路）
🔸 首爾中區乙支路三街24；서울 중구 을지로3길 24

辣雞腳
닭발

台灣人愛吃的雞腳在韓國也吃得到！韓國雞腳可分為無骨和帶骨，Q嫩的無骨雞腳充滿嚼勁，而且是越嚼越香也越嗆，與啤酒更是完美的搭配！

哪裡吃　雞腳禮讚닭발예찬（弘大）
🔸 麻浦區土亭路32街16；마포구 토정로32길16

黑糖餅
호떡

黑糖餅是韓國街邊的傳統小吃，將揉好的麵皮放入熱油中半煎炸，中間的黑糖遇熱融化，起鍋後再將腰果、南瓜子等加入內餡，爆醬的甜蜜滋味及堅果香氣讓人回味無窮。

哪裡吃　三味黑糖餅삼맛호오떡（往十里）
🔸 首爾城東區舞鶴峯16路26 1樓；서울 성동구 무학봉16길26 1층

SEOUL
SOUVENIR

認識首爾
行前準備
機場介紹
當地交通
主題旅遊
常見問題

超市篇

前進三大超市：樂天、E-MART、HOMEPLUS，有哪些必買的呢？

農心甜辣水梨辣拌冷麵
배홍동비빔면

由韓國知名主持人劉在石代言，一推出就大受歡迎，甜辣的韓式冷拌麵不膩口的秘訣是加上了水梨，令人胃口大開，是炎熱的夏天的熱賣常勝軍。

超辣雞麵
불닭볶음면

一推出即吸引一票嗜辣者的注意，首款推出的黑色辣雞麵是極辣款，後續推出的加料款也讓人躍躍欲試！黑色包裝為原味超辣；粉紅款是奶油義大利麵；黃款是辣起司；綠款為辣炸醬口味。

辛拉麵
신라면

由農心推出的辛拉麵，是韓國最老牌、經典的泡麵品牌，吃過一次就知道韓國泡麵的美妙。煮麵後再加上蛋，麵條Q彈再裹上鮮黃蛋汁就是美味的一餐！

牛肉炸醬麵・乾拌炸醬麵
수고기 짜장면・짜파게티

韓式炸醬吃起來較甜，黑色包裝是牛肉口味；綠包裝是原味；而寫上四川兩字的橘色包裝，即是四川麻辣口味。

真拉麵
진라명

由不倒翁（오뚜기）公司推出的真拉麵，也是該品牌旗下的老品牌，推出時間與辛拉麵差不多，也是韓國人鐘愛的老口味，分有辣味與原味。

Knowledge Supply

一手掌握泡麵的來源？

想要知道吃在口中的泡麵是從哪裡來的嗎？在泡麵包裝的後面，寫有原料的下方第一排是寫著有效期限，注意看還有第二排，即是出自哪一間生產工廠、品管人員及生產時間。

1.有效期限
2.生產工廠
3.品管人員
4.生產時間

養樂多軟糖
요구르트 젤리

養樂多軟糖一推出即大受歡迎，養樂多造型的軟糖口感紮實，酸甜的滋味讓人一口接一口，有原味及草莓口味。

蝦味先
새우깡

由農心公司推出的蝦味先，是最元老的品牌，吃起來蝦味濃厚，韓國人更愛在小酌時配上一包。近年來推出不同口味或是與其他品牌積極聯名，圖中是最受歡迎的口味之一的松露蝦味先。

Crown鬆餅
바터와플

Crown奶油鬆餅外酥內脆並帶著濃濃奶香，是很受歡迎的零食，藍色包裝的口味比較不甜。

魷魚花生球
오징어땅콩

餅乾呈可愛的圓球狀，外層是滿滿的海鮮魷魚味裡頭包著花生粒，一口咬下花生味與海鮮味在嘴裡迸發。

Market O布朗尼
마켓오 리얼 브라우니

紮實的巧克力布朗尼蛋糕口感，不只超市，很多商店、美妝店都會販售；厚實的巧克力與甜蜜滋味，適合配上咖啡或熱茶。

Crown草莓夾心餅乾
빅파이 딸기맛

韓國零食老牌Crown旗下的夾心餅乾，也是韓國當地人推薦，巧克力餅乾夾上草莓醬內餡，這等最佳組合有誰不愛呢！

巧克力鯛魚燒蛋糕
초코붕

鯛魚外型的小蛋糕，內餡有濃郁的巧克力和麻糬，口感軟綿、甜而不膩，加上小魚的可愛外型，是熱賣的小零食也是送禮好物。

韓國金牛角
꼬깔콘

口感類似台灣金牛角，是韓國人最愛的老牌餅乾，除了玉米原味還有甜辣、碳烤、玉米濃湯、鮮蝦美乃滋等口味。

認識首爾

行前準備

機場介紹

當地交通

主題旅遊

常見問題

巧克力派
초코파이

韓國人最愛的巧克力派，樂天、ORION、海太皆有推出。海綿蛋糕外層裏上黑巧克力，中間是棉花糖夾心，因外形像蛋糕也常用來當成慶生用的蛋糕。

烏龜餅乾
꼬북칩

餅乾多層的酥脆口感是一特色，初款的玉米濃湯一推出後甜鹹口味便引發熱潮，後續推出鮮蝦及甜肉桂口味。

辣椒醬
고추장

這款是以100%國產白米製造，比一般辣椒醬還黏稠、綿密，可做沾醬也可拌炒(辣炒年糕亦可)，相對價格較貴一點。

PEPERO巧克力棒
빼빼로

韓國人每年11/11都會買巧克力棒送給喜歡的人，這款是當地最有名的品牌；綠色包裝是杏仁口味。

大醬
된장

韓國的大醬是用來煮湯調味做成大醬湯用，熱量低又有飽足感，很多女生都會拿來做減肥聖品；亦可吃烤肉時拿來做蘸醬用。

復古巧克力棒
초코하임

韓國復古餅乾之一，據說吃之前先許願，再將巧克力棒完美地掰成兩條就能心想事成。

香油
참기름

韓國人愛用老牌為不倒翁(오뚜기)，也有其他廠牌選擇只是價格不同。菜餚只要加上一點香油，就是滿滿的韓料風味。

預感烤洋芋片
예감

一般洋芋片是將馬鈴薯片炸製而成，預感洋芋片是用烘焙而成，口感不油膩外也更有香氣。另一牌「秀美」也很推薦！

泡菜
김치

如要將泡菜帶回台灣，記得要先和服務人員表示要上飛機，他們會用層層塑膠袋裝好，避免在機上因高壓而破裂，或是可以直接買小份的真空包裝。

海苔
김

海苔是韓國的必帶伴手禮之一，「Dongwon」這個牌子在韓國賣的很好，可以直接吃，但因為味道偏鹹，比較建議包白飯或是搭配料理食用，這款是原味。

啤酒
맥주

炸雞和啤酒是天生絕配，合稱「啤炸（치맥）」；韓國人常喝的牌子為CASS與HITE，口感清爽不苦澀。

午餐肉
햄

韓國午餐肉常見於部隊鍋中，韓國人更愛將它直接煎來吃，更講究一點的還會沾上蛋液後油煎。

燒酒
소주

普通綠色瓶身的燒酒多為17%，而「清河」燒酒酒精度數只有13%，味道較順口，氣泡清河燒酒的登場受到許多女性的歡迎，而復古藍色酒瓶「真露」燒酒也是被認為較不嗆口，一上市就橫掃市場。

香蕉牛奶
바나나 우유

來首爾一定要喝的韓國國民飲料，另有草莓、哈密瓜、咖啡及輕爽版香蕉牛奶。

水果燒酒
과일소주

相較原味燒酒的辣口，水果燒酒的果香中和燒辣感，最推葡萄柚及青葡萄口味！

米釀
비락식혜

洗完汗蒸幕後必喝飲料！Paldo出產的傳統米釀，近期還有推出同品牌的米釀冰棒。

韓國濁酒(馬格利)
막걸리

乳白色的韓國濁酒以米或玉米釀造，喝起來酸酸甜甜，但有後勁小心別喝醉了。除了原味，還有蔓越莓等口味，加了汽水、雪碧等氣泡飲料，喝起來滋味更佳。

認識首爾

行前準備

機場介紹

當地交通

主題旅遊

常見問題

韓國好逛超市清單

樂天超市
롯데마트

- **首爾站店**
- 🏠 中區青坡路426；중구 청파로426
- 🕐 10:00~24:00，每月第2、4個週日公休
- 🚇 1、4號線首爾站2號出口徒步約1分
- **蠶室店**
- 🏠 松坡區奧林匹克路247；송파구 올림픽로247（樂天百貨內）
- 🕐 10:00~23:00，每月第2、4個週日公休
- 🚇 2、8號線蠶室站4號出口徒步約3分
- **金浦機場店**
- 🏠 江西區天空街38；강서구 하늘길 38
- 🕐 10:00~23:00，每月第2、4個週日公休
- 🚇 機場鐵道、5、9號線金浦機場站3號出口徒步約3分

E-MART
이마트

- **往十里店**
- 🏠 城東區往十里廣壯路17；성동구 왕십리광장로 17（BitplexB1~1F）
- 🕐 10:00~23:30，每月第二、四週日公休
- 🚇 2、5、中央、盆唐線往十里站12、13號出口即達
- **紫陽店**
- 🏠 廣津區阿且山路272 B1F；광진구 아차산로272 B1F
- 🕐 10:00~23:30 🚇 2、7號線建大入口站4、5號出口過馬路徒步約5分
- **龍山店**
- 🏠 龍山區漢江大路23街55；용산구 한강대로23길55
- 🕐 10:00~23:30 🚇 1號線龍山站1號出口徒步約1分
- **永登浦店**
- 🏠 永登浦區永中路15 B1F、B2F；영등포구 영중로15 B1F、B2F
- 🕐 10:00~23:00 🚇 1號線永登浦站3號出口徒步約5分

新手看這裡

便利商店也超好逛！

韓國跟台灣一樣，到處可見到便利商店，其中最常見的是GS25和CU，再來是7-11，24小時營業超方便，在這裡可以買到許多碗裝泡麵、零食、飲料以及酒類，更不能錯過的是每間便利商店不定期和各大品牌聯名推出限定冰品。

HOMEPLUS
홈플러스

- **合井店**
- 🏠 麻浦區楊花路45 B2F；마포구 양화로45 B2F
- 🕐 10:00~24:00，每月第二、四週日公休
- 🚇 2、6號線合井站9、10號出口直通
- **新道林店**
- 🏠 九老區京仁路661；구로구 경인로 661
- 🕐 10:00~24:00，每月第二、四週日公休
- 🚇 1、2號線新道林站1、5號出口徒步3分
- **蠶室店**
- 🏠 松坡區奧林匹克路35街16；송파구 올림픽로35가길 16
- 🕐 10:00~24:00，每月第2、4個週日公休
- 🚇 2、8號線蠶室站9號出口徒步約5分

服飾篇

現在韓國潮流
服飾吹什麼風？
這裡報你知！

SPAO

SPAO是韓國服飾品牌，知名的經紀公司SM也是主要投資者之一，旗下藝人像是Super Junior、少女時代等，都是現成代言人。SPAO的產品主要走休閒風，年輕又有型，穿在始源、潤娥等偶像身上更具吸引力。

🏠 首爾麻浦區楊花路153 2樓：서울 마포구 양화로 153 2층 ⬇
🕚 11:00～22:00 🌐 www.spao.com 🚇 弘大入口站1號出口徒步3分

Musinsa

🏠 首爾麻浦區楊花路144 B2-2F：서울 마포구 양화로 144 B2-2F ⬇
🕙 11:00~21:00 🌐 www.musinsa.com 🚇 弘大入口站9號出口徒步5分

lifework

「lifework」是韓國潮流品牌，最著名的品牌特色就是法國鬥牛犬的圖案，品牌主打年輕潮流的設計風格，前衛街頭的衣服款式受到許多韓國明星與網紅的喜愛，也讓品牌知名度大增，成為來韓必購的清單之一。

🏠 首爾中區獎忠壇路275 B1：서울 중구 장충단로 275 B1
🕥 10:30～24:00 🌐 www.lifeworkstore.co.kr

逛街推薦清單

除了連鎖服飾商店，你還可以到這裡逛街血拼！

弘大商圈‧臥牛山路27街
衣服、配件風格多元，平實價格可以買到不錯的質感服飾。

梨大商圈
因位在梨花女子大學附近，服飾店眾多，價格實惠又常有打折活動。

誠信女大商圈
除了以上講的兩大商圈，誠信女大周邊也聚集超多女孩喜歡的店家，是學生族群最愛的購物地點。

梨泰院漢南洞
這裡的店家偏向高級服飾居多，價格也較高，要找獨特、具個人風格的來這裡準沒錯！

新沙洞林蔭道
小資女孩最愛逛的地方，咖啡廳眾多，店家以上班族、輕熟女風格的簡約服飾為主。

服飾手指韓文

中文	韓文	英文／拼音
衣服	옷	ot
T恤	티셔츠	ti-syeo-cheu
帽T	후드 티	hu-deu ti
毛衣	스웨터	seu-we-teo
羽絨外套	패딩 점퍼	pae-ding jeom-peo
牛仔夾克	청자켓	cheong-jya-kes
正式西裝外套	자켓	jya-kes
皮外套	가죽코트	ga-juk-ko-teu
休閒外套（有拉鍊）	점퍼	jeom-peo
襯衫	셔츠	syeo-cheu

西裝	양복	yang-bok
大衣	코트	ko-teu
針織衫（上衣,外套）	가디건	ga-di-geon
睡衣	잠옷	jam-os
裙子	스커트 / 치마	skirt／chi-ma
牛仔裙	청치마	cheong-chi-ma
吊帶裙	멜빵치마	mel-ppang-chi-ma
長裙	롱치마	rong-chi-ma
洋裝（連身裙）	원피스	won-pi-seu／One-piece
窄裙	타이트한 치마	ta-i-teu-han chi-ma
迷你裙	미니스커트	miniskirt
短裙	짧은 치마	jjalp-eun chi-ma
圓裙（澎裙）	플레어 스커트	peul-re-eo seu-keo-teu
褲子	바지	ba-ji
（五、七）九分褲	5,7,9부 바지	o,chil,gu bu ba-ji
內搭褲	레깅스	Leggings／re-ging-seu
牛仔短褲	청반바지	cheong-ban-ba-ji
吊帶褲	멜빵바지	mel-ppang-ba-ji
絲襪	스타킹	Stocking
緊身褲	스키니진	Skinny Jean
熱褲	한 뼘바지 / 핫팬츠	han-ppyeom-ba-ji／Hot-Pants
牛仔褲	청바지	cheong-ba-ji
顏色	색깔	saek-kkal
白色	화이트 / 흰색	White／huin-saek
灰色	그레이 / 회색	Gray／hoe-saek
紅色	레드 / 빨강색	Red／ppal-gang-saek
粉紅色	핑크 / 분홍색	Pink／ping-keu-saek
紫色	퍼플 / 보라색	Purple／bo-ra-saek
黃色	엘로우 / 노랑색	Yellow／no-rang-saek
黑色	블랙 / 까만색	Black／／kka-man-saek
綠色	그린 / 녹색	Green／nok-saek-saek
橘色	오렌지 / 주항색	Orange／ju-hang-saek
藍色	블루 / 파란색	Blue／pa-ran-saek

鞋款	신발	sin-bal
軍靴	워커힐	wo-keo-hil
靴子	부츠	Boots／bu-cheu
室內鞋	실내화	sil-nae-hwa
拖鞋	슬리퍼	Slipper／seul-ri-peo
涼鞋	샌들	Sandal／saen-deul
運動鞋	캔버스화	kaen-beo-seu-hwa
帆布鞋	스니커즈	seu-ni-keo-jeu
增高運動鞋	키높이 운동화	ki-nop-i-un-dong-hwa
高跟	높은굽	nop-eun-gup
低跟	낮은굽	naj-eun-gup
皮鞋(正式)	정장화	jeong-jang-hwa
鞋墊	깔창	kkal-chang
鞋帶	신발 끈	sin-bal-kkeun
包款	가방	ga-bang
後背包	백팩	Back pack
宴會包	클러치 백	Clutck bag
斜背包	클로스 백	Cloth bag
肩背包	숄더 백	Shoulder bag
化妝包	파우치 백	Pouch bag
防水包	비치 백	Beach bag
雙肩背包	배낭	bae-nang
旅行箱	캐리어 / 여행가방	Carrier／yeo-haeng-ga-bang
公事包	서류가방	seo-ryu-ga-bang
材質	재료	jae-ryo
棉	면	myeon
合成皮	합성 피	hap-seong-pi
針織	니트 / 편물	Knit／pyeon-mul
蕾絲	레이스	re-i-seu
絲	실크	Silk
彈性纖維	스판덱스	Spandex
亞麻	아마	a-ma
配件	액세서리	Accessory
帽子	모자	mo-ja
手環	팔찌	pal-jji
耳環	귀걸이	gwi-geol-i
項鍊	목걸이	mok-geol-li
圍巾	스카프 / 목도리	Scarf／mok-do-ri
髮箍	머리띠	meo-ri-tti
髮夾	머리핀	meo-ri-pin
襪子	양말	yang-mal
墨鏡	선글라스	Sunglass

認識首爾　行前準備　機場介紹　當地交通　主題旅遊　常見問題

韓妝品牌已大舉進駐台灣，有哪些是韓國在地才買得到的牌子呢？加上仔細美妝中英韓對照表，讓你輕鬆找到自己要的東西！

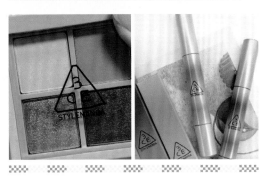

3CE

以網路商城起家的STYLENANDA在2009年推出3CE(3 CONCEPT EYES)，並在2018年收購於法國萊雅集團旗下品牌之一，以五顏六色的眼妝和唇妝產品最受歡迎。

www.stylenanda.com

eSpoir

eSpoir 被稱為為韓國版M.A.C ，是韓國著名的彩妝品牌，為韓國美容巨頭Amorepacific Group 旗下品牌之一。主要客群針對亞洲人，尤其在底妝有著廣大口碑。

www.espoir.com/

Wakemake

親民的價格與實用的彩妝顏色，十分受到韓國學生族群與上班族的青睞，多色眼影盤是其品牌的明星商品，非常適合日常生活的妝容，也是韓妞的吸睛眼妝秘訣。

m.brand.naver.com/wakemake

新手看這裡

來逛Olive Young

Olive Young也是買美妝保養品的另外一個好選擇；這裡賣的東西就跟台灣的屈臣氏或康是美很像，裡頭除了生活用品、零食外，也會有大規模的開架式歐美美妝保養品區，有些品牌如ISA KNOX、ENPRANI、秀麗韓，很難在鬧區的街道上看到獨立店面，但在這裡買得到。

購物時用到的對話

請給我袋子。
봉투를 주세요.
bong-tu-reul ju-se-yo.

可以退稅嗎？
택스 리펀 되나요? / 세금 환급 되나요?
taek-seu ri-peon doe-na-yo?

這裡有＿＿＿嗎？
여기는 ＿＿＿가 있어요?
yeo-gi-neun ＿＿＿ga iss-o-yo?

美妝手指韓文

韓國美妝、保養品大多直接使用英文唸法，以下列表附
上英文原文及部份韓文拼音唸法。

中文	韓文	英文／拼音
保養類		
化妝水	스킨 / 토너	Skin／Toner
手足滋潤霜	꿈치크림	kkum-chi-keu-rim
毛孔收斂	모공수렴	mo-gong-su-ryeom
乳液	로션 / 에멀젼	Lotion／Emulsion
乳霜	크림	Cream
保濕噴霧	훼이셜워터 / 미스트	Facial water／Mist
眼霜	아이크림	Eye cream
精華液	에센스 / 진액	Essence／jin-aek
護腳／手霜	풋 / 핸드크림	Food／Hand cream
面膜類		
面膜	마스크팩	Mask pack
面膜（需沖洗）	워시오프팩	Wash off pack
紙面膜	시트 마스크	Sheet Mask
晚安面膜	슬리핑 팩	Sleeping pack
眼膜	아이패치	Eye patch
妙鼻貼	코팩	Nose pack／ko-paek
唇膜	립 마스크 / 립 패치	Lip mask／Lip patch
化妝品		
氣墊	쿠션	Cushion
BB霜	비비크림	BB cream
口紅	립스틱	Lipstick
止汗劑	드리클로	Driclor／deu-ri-keul-lo
去光水	네일리무버	Nail remover
打亮	하이라이터	Highlighter
防曬乳	선크림	Sun cream
指甲油	매니큐어 / 네일칼라	Manicure／Nail color
染唇蜜	틴트	Tint
眉筆	아이브로우 / 눈썹연필	Eyebrow／nun-sseop-yeon-pil
香水	향수 / 퍼퓸	hyang-su／perfume
唇蜜	립글로스	Lip gloss
粉底液	파운데이션	Foundation
粉餅／蜜粉	팩트 / 파우더	Pact／Powder
粉撲	퍼프	Puff
粉刷	브러시	Brush
眼影	아이섀도우	Eyeshadow

中文	韓文	英文／拼音
眼線筆	아이라이너	Eye liner
睫毛夾	눈썹집게	nun-sseop-jip-ge
睫毛膏	마스카라	Mascara
腮紅	블러셔 / 볼터치	Blusher
隔離霜	메이크업베이스	Make-up base
飾底乳	베이스 / 프라이머	Base／Primer
遮瑕膏	컨실러	Concealer
護唇膏	립밤 / 립 케어	Lipbalm／Lip care
體香劑	데오드란트	Deodorant／de-oh-deu-ran-teu
身體噴霧	바디 스프레이	Body spray
清潔類		
去角質	필링젤 / 각질제거	Peeling gel／gak-jil-je-geo
沐浴乳	바디클렌저 / 바디 워시	Body cleanser／Body wash
身體去角質	바디 스크럽	Body scrub
身體乳液	바디로션 / 바디에센스	Body lotion／Body essence
卸妝油／乳／膠	클렌징 오일 / 크림 / 젤	Cleansing oil／cream／gel
卸眼妝	아이리무버	Eye remover
按摩霜	마사지 크림	Massage cream
洗面乳	클렌징 폼 / 클렌징 크림	Cleansing foam／Cleansing cream
洗髮精	헤어샴푸	Hair shampoo
除毛刀	제모기	je-mo-gi
潤髮護髮	린스 / 콘디셔너 / 트리트먼트	Rinse／Conditioner／Treatment
生活用品類		
電棒	고데기	go-de-gi
化妝棉	화장솜	hwa-jang-som
棉花棒	면봉	myeon-bong
衛生棉	생리대	saeng-ni-dae
隱形眼鏡	콘택트렌즈	Contact lens
隱形眼鏡保養液	콘택트렌즈 보존액	Contact lens bo-jon-aek
海綿	스펀지	Sponge
吸油面紙	기름종이	gi-reum-jong-i
濕紙巾	물티슈	mul-ti-syu
其他		
適合所有肌膚	모든 피부용	All skin／mo-deun-pi-bu-yong
中性皮膚	중성피부	Normal skin／jung-seong-pi-bu
油性皮膚	지성피부	Oily skin／ji-seong-pi-bu
玻尿酸	보톡스	Botox
乾性皮膚	건성피부	Dry skin／geon-seong-pi-bu
混合性皮膚	복합성피부	Combination skin／bok-hap-seong-pi-bu
痘痘肌	여드름피부	Acne skin／yeo-deu-deum-pi-bu
黑眼圈	다크 써클	Dark circle／da-keu-sseo-keul
營養保濕	영양보습	yeong-yang-bo-seup
水分	수분	su-bun
淨白	화이트닝	hwa-i-teu-ning
滋潤	멀티	meol-ti
高保濕	고보습	go-bo-seup
美白	미백	mi-baek
緊緻毛孔	모공케어	mo-gong-ke-eo

認識首爾

行前準備

機場介紹

當地交通

主題旅遊

常見問題

SEOUL EXPERIENCE

首爾花漾咖啡

「咖啡」已經深入韓國人的日常生活，從喝茶文化、國外引進的茶房，到早期餐廳必備的咖啡、奶精加砂糖的三合一咖啡機，演變至現在咖啡廳結合獨特的室內裝潢，成為熱門的人氣打卡景點。

人氣工業風

Onion 어니언

想要遠離人潮、更接近韓國日常生活，不妨撥空一訪聖水洞，這裡有許多特色咖啡廳是韓國年青人新興打卡地點。

以工業風格打造的「onion」，佔地廣大的店面，不修邊幅的粗獷風格，與咖啡香、麵包香衝突卻充份融合，記得點杯韓國人最愛的美式咖啡和店內人氣招牌Pandoro。

🏠 聖水洞阿且山路9街8；성동구 아차산로9길 8
🕐 週一~五8:00~22:00，週六~日10:00~22:00
🚇 2號線聖水站2號出口徒步2分

點心派專賣店

Pie in the shop 파이인더샵

如同其名，咖啡廳主打自製的各類派，是餓舌歡手Beenzino所開的店，店內風格簡約不失設計，每天餐檯會擺出十幾種的派，不論喜歡何種口味都可以在這裏找到。

🕐 11:30~21:00 🏠 首爾麻浦區聖美山路二七街26：서울 마포구 성미산로27길 26 🚇 2號線弘大入口站3號徒步10分

紅磚歐風咖啡廳

Gong Myoung 카페 공명

到訪首先會被門口的紅磚拱形所吸引，雖然隱身在巷口，但是整棟的大型咖啡廳，不只1到3露，還有庭院戶外與陽台區域，店內特別裝飾出歐洲的分為，頗有異國風情。

🏠 首爾麻浦區臥牛山路17路11-8 1~3樓：서울 마포구 와우산로17길 11-8 1~3층
🕐 11:00~23:00 🚇 6號線上水站1號出口徒步五分

遠眺樂天塔
首爾主義Seoulism
서울리즘

位在誠室附近的咖啡廳首爾主義Seoulism，離地鐵站稍有距離，先在一樓店面點好飲料再端著盤子坐上電梯上到最頂樓，掀開布簾就是咖啡廳的所在地。木頭打造的咖啡座簡單俐落，近在眼前的樂天塔配上白雲藍天，讓人暫時忘卻身處在城市的喧囂中。

⌂ 首爾市松坡區百濟古墳路435；서울 송파구 백제고분로 435
🕐 13:00~24:00(咖啡廳營業至17:50，18:00之後改為Bar)
🚇 週一　● 8號線石村站2號出口步行約10分

韓屋咖啡館
Mirrorroom
미러룸

外觀是韓屋造型的Mirrorroom，屋簷外也是可以休憩的好角落。一入內後空間呈長型，店的一側是整面的大鏡子，原本狹長的空間變得寬敞起來，鏡子與美輪美奐的韓屋組合相當美。推薦店內甜而不膩的瑞士捲。

⌂ 鐘路區三清路2街40；종로구 삼청로2길 40
🕐 11:00~22:00、週一12:00~18:00
🚇 3號線安國站1號出口徒步15分

弘大是咖啡館的大本營

弘大聚集的學生、年輕人多，咖啡館的數量在全首爾也是排名數一數二，幾乎每走幾步就可以看到一家咖啡館，各式各樣具設計感的牌招或門面也成了街頭的風景之一。除了弘大還有哪些地方可以找到特色咖啡廳呢？

달의계단

coffee fondant CAKE

・新沙洞林蔭道
・鐘路3街益善洞
・聖水洞
・梨泰院漢南洞
・望遠洞・延南洞

認識首爾

行前準備

機場介紹

當地交通

主題旅遊

常見問題

童心壁畫村

韓國有越來越多的老房子村落，屋舍牆外都繪上美麗又趣味的圖畫，並融入當地優美的村落風情，帶著郊遊踏青的心情，規畫壁畫村半日或一日遊，感受首爾最可愛童趣的一面。

元祖壁畫村

梨花洞壁畫村
이화동벽화마을

前往駱山公園的路上，會發現一些漂亮的壁畫和裝置藝術，平房牆上的美麗塗鴉、石階小路上的可愛圖畫等，都是數年前當地刻意進行的公共美術駱山工程之一。社區內還有一些小商店，可以沿途賞景、拍照、喝杯咖啡，或是買些有趣的雜貨。

4號線惠化站2號出口出站，步行約15~25分

夢幻公主風

松月洞童話村
송월동동화마을

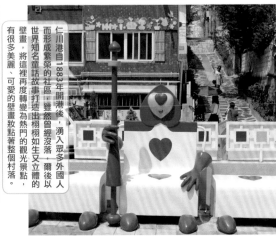

仁川港自1883年開港後，湧入眾多外國人而形成繁榮的社區。雖然曾經沒落，爾後以世界知名童話故事打造出栩如生又立體的壁畫，將這裡再度轉變為熱門的觀光景點，有很多美麗、可愛的壁畫妝點著整個村落。

仁川中區童話村街38一帶；인천 중구 동화마을길 38

1號線、水仁線仁川站1號出口徒步約10分

電影場景

富平十井洞壁畫村
부평십정동열우물마을벽화

距離首爾市區不到1小時的仁川市富平十井洞壁畫村，因為有10個井而得名的十井洞，從2005年開始整修村落，因此這些舊房子也漸漸吸引大眾的目光。這裡也曾為電影《偉大的隱藏者》的拍攝場景。

1號線銅岩站2號出口，轉搭公車7、10、42、77、7-1、700-1、700、592、593、530、103號，於第2站「십정고개」下車，往回走至名為「열우물로102번길」的巷子，左轉進去直走後，在下坡的左側可看到壁畫村的介紹及地圖

36

認識首爾

行前準備

機場介紹

當地交通

主題旅遊

常見問題

韓服體驗

來韓國怎能錯過韓服體驗！在景福宮、三清洞一帶是聚集最多出租韓服的店家，店家通常有中文人員服務，或是用簡單英文也可溝通；而位在清溪川旁的K style hub也能免費體驗韓服。

變身體驗小提醒

提醒❶ 確認方案內容

韓服體驗方案除了含基本的裙子及上衣，其它配件可能需要另外收費，像是內襯蓬裙、髮飾、手拿包、毛背心等。穿好韓服後再加上美麗的韓式編髮會更加分，有些店家是免費附送，有的則需要額外付費，記得要仔細詢問。

提醒❷ 飲食問題

韓國飲食眾所皆知都是重口味，如作體驗途中有用餐，一定要注意不讓湯汁沾到韓服，弄髒韓服的話需額外賠償，得不償失。

提醒❸ 路線規劃

韓服體驗一般只有2~3小時，盡量以北村、景福宮周邊活動，加上如果穿韓服進入景福宮可以免費呢，不如將時間花在宮內慢慢走、慢慢拍！

新手看這裡

如何選喜歡的韓服呢？

1.行前先利用網路找查韓服體驗店家，先有2~3間口袋名單再到現場選。

2.到現場了好多顏色都好喜歡怎麼辦？活潑的你可以選擇上衣和裙子是對比色的韓服，例如上白下藍或上藍下桃紅；喜歡簡單的你可以選淡雅一點的對比，像是鵝黃色上衣配上玫紅色的裙子，越顯色、照片拍起來越亮眼！

3.記得選韓服時盡量選有繡金線或銀線袖口或裙擺，馬上貴氣十足。

推薦店家

Dorothy韓服
도로시한복여행

位在三清洞的Dorothy韓服，備有日、中文服務人員，老闆本人英文也很流利。店內各式韓服應有盡有，體驗除了基本配備，費用已含編髮、髮飾及手提包，體驗結束還可選一張自己喜歡的韓服照，老闆免費幫忙輸出成照片。

🏠鍾路區尹潽善路23 2F；종로구 윤보선길 23 2F ⏰9:00~19:00 💰特色韓服4小時₩25,000 高級韓服4小時₩45,000 🚇3號線安國站1號出口徒步約2分

免費體驗韓服

K style hub

前身為韓國觀光公社並於2017年改建為K style hub，主要提供中、日、英文的觀光資料，中心有進駐英、中文的服務人員，以及免費提供電腦查詢服務。樓層分為2~5樓，於5樓的文化體驗展覽館可以作韓服體驗。

🏠中區清溪川路40；중구 청계천로40 ⏰9:00~20:00 🌐big5chinese.visitkorea.or.kr 🚇1號線鐘閣站5號出口徒步約2分

傳統市場巡禮

想要走入首爾最在地的生活日常，非走一遭傳統市場不可！在地的通仁市場玩遊戲破關、美食無限多的廣藏市場，小吃CP值超高的望遠市場。

懷舊氛圍

通仁市場
통인시장

通仁市場是從日據時代開始的公有市場，長約200公尺，市場內由60～70家商店組成，其中以熟食攤位占大多數，其次為蔬菜、水果與生鮮等商店。市集內的通便當傳統銅板換小吃，是人氣活動！

市場內有許多在地且傳統的小吃，例如韓式煎餅、餃子、炸物、血腸、紫菜飯捲、黑輪、辣炒年糕、韓式涼拌雜菜、泡菜炒豬肉、各式涼拌小菜，以及最受歡迎、總是大排長龍的牛肉年糕捲等在地美味小吃。

🏠 鍾路區弼雲大路6街3；종로구 필운대로6길3　🕐 11:00～16:00（週一、每月第3個週日）
💰 通便當₩5,000　🚇 3號線景福宮站2號出口徒步約10分

便當盒販售處
도시락(엽전)판매차

先到便當販售處購買傳統銅板和便當盒，便可得到10個韓國古代通用於市集、印有通仁市場的金色銅板，以及一個黑色塑膠便當盒，在市場中只要看到攤販擺有紅、藍色的牌子，即表示店家是使用銅板交換食物。

通便當
통 도시락

利用韓國的傳統銅板來換取市場內各式市場小吃，只要拿著銅板到市場內擺有「통 도시락 cafe가맹점」紅藍牌子的店家，即可用銅板換取食物，市場內也可使用現金交易。

認識首爾

行前準備

機場介紹

當地交通

主題旅遊

常見問題

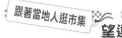

超紅綠豆煎餅
廣藏市場
광장시장

跟著當地人逛市集
望遠市場
망원시장

廣藏市場內販賣豬腳、豬血膓、生魚片等常見的韓國小吃，其中以綠豆煎餅，和外型碩大圓滾的餃子，為市場內必嘗的招牌美食。除了小吃，還有蔬果、布料、寢具、韓服等，商場中央聚集了上百間攤販，熱鬧程度可比台北的士林夜市。

距弘大徒步約20分鐘路程的望遠市場，是當地民眾買菜和覓食的小市場，規模其實不算大，但便宜蔬果和美味小吃，加上韓國明星的加持下吸引著遊客前往。市場內平價的炸雞、可樂餅、小菜攤，都令人垂涎三尺。

🏠 鍾路區昌慶宮路88；종로구 창경궁로 88　🕐 7:00~19:00，週日公休
🚇 1、4號線東大門站7號出口徒步約5分；1號線鍾路5街站7、8號出口徒步約2分

🏠 麻浦區望遠洞411；마포구 망원동 411
🕐 10:00~21:00
🚇 6號線望遠站2號出口徒步約5分

39

揪團去首爾登山

韓國人已將運動當成習慣，平日早起爬山的老人家眾多，週末假日一到往山裡報到的人更是多，喜歡運動、登山、大自然的你，到首爾千萬別錯過市區內的山群。

韓國國立公園

俯瞰漢江百萬夜景

鷹峰山
응봉산

比起首爾市區內的其他山群，鷹峰山算是非常初階的坡度，海拔高度只有94公尺，可以在木棧道上輕鬆散步；在山頂的八角亭可以一眼望盡首爾城景及漢江的壯麗景色，下班時間車潮的點點星光也顯得浪漫。

🏠 城東區鷹峰洞鷹峰山；성동구 응봉동 응봉산
🚇 2、5、中央、盆唐線往十里站10號出口直走約50公尺，搭乘公車2016、4211號至鷹峰山現代公寓(응봉동현대아파트，Eungbong-dong Hyundai Apt.)下車，徒步約15分

舊時城廓

北岳山
북악산

北岳山為首爾的內四山之一，北岳山的首爾城廓可以從3個入口進入：彰義門、肅靖門及臥龍公園，靠近彰義門口的路線較陡峭，對體力頗具挑戰性。因此區為軍事保護區，去前記得攜帶護照才可進入。

🏠 鍾路區付岩洞彰義門指南所
🕐 4~10月9:00~15:00，11~3月10:00~15:00，週一公休 💲 免費
🚇 3號線景福宮站3號出口轉搭公車1020、7022或7212號，於彰義門站(창의문)下，徒步約2分可達登山口

遊客最多

北漢山
북한산

由花崗岩構成的北漢山橫越在首爾的北方，總面積達79.9平方公里，1983年被指定為韓國第15個國立公園，由海拔836公尺的白雲峰、810公尺的仁壽峰和799公尺的萬景峰三足鼎立，共有20多條登山路線。

🏠 城北區輔國門路32街103；성북구 보국문로32길103
🚇 3號線舊把撥站1號出口，轉搭公車34或704號，於北漢山城入口站下，徒步約10分可達登山口

花崗巨岩美景

道峰山
도봉산

道峰山位於北漢山國立公園的北側，海拔739公尺，與北漢山一樣都是巨大的花崗岩石，不但山勢陡峭、風景秀麗，有不少地方需要攀著繩索而上，爬起來頗有些難度，適合喜歡迎接挑戰的人。

🏠 江北區牛耳洞道峰區一帶 📞 02-909-0497~8、918-9063
🔗 english.knps.or.kr
🚇 1號線道峰山站1號出口徒步約10分可達登山口

認識首爾

行前準備

機場介紹

當地交通

主題旅遊

常見問題

入住設計旅店

在首爾要找間飯店或民宿很簡單，但要找到好住的、舒服的不容易，加上考慮到交通方便、住宿周邊便利等重點，沿著地鐵站附近尋找特色住宿，讓住宿不再只是休息，更成為旅行中趣味的一環。

韓屋住宿體驗

在北村、三清洞一帶的韓屋村，有許多民家提供住宿體驗。韓屋住宿大部分都有電視等基本家電用品，也有現代化的衛浴設備，但洗手間多半設在室外，必須共同使用。有些有提供茶道體驗、陶器製作等文化體驗活動。但韓屋民宿的規模不一，房價往往和觀光級飯店不相上下，甚至比住飯店還貴，有些民宿如有供應午、晚餐，通常也需預約並另外計費，上網預訂前建議多方比價。

飯店坐落地鐵鍾路三街旁，一出4號出口即達飯店，步行至仁寺洞散步街也只要5分鐘。

接待大廳充滿設計感的桌椅、挑高達2層樓的一整面開放式書櫃，讓每個角落都充滿新奇設計。

飯店內使用的裝潢家私皆精選至casamia，主旨在於帶給旅客如在家般舒適。

不定期舉辦的爵士音樂會歡迎住客與非住宿一同參加，慵懶音樂更添夜晚情趣。

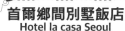

江南・新沙洞

首爾鄉間別墅飯店
Hotel la casa Seoul

家具品牌casamia所打造的設計飯店Hotel la casa Seoul，主要分為兩棟建築物東側(East)和西側(West)，提供88間的漂亮客房，步行即可抵達新沙洞林蔭道商圈，要看美麗的漢江景色也只要10分鐘即可走到。

🏠 江南區島山大路1街83；강남구 도산대로1길 83

💲 Double room ₩140,000

🚇 3號線新沙站8號出口步行約15分

首爾鄉間別墅飯店

江北・鍾路區

MAKERS HOTEL
메이커스 호텔

開幕於2016年的MAKERS HOTEL，飯店利用古董傢俱營造復古風格，內部供有42間房型，位在地下室有「The Common」咖啡廳，可享用早餐或是提供住戶休憩空間，也會不定期舉辦Jazz音樂演奏會。

🏠 鍾路區敦化門路11街33；종로구 돈화문로11길 33

💲 SEMI DOUBLE ₩75,000

🚇 1、3、5號線鍾路3街站4號出口即達

MAKERS HOTEL

首爾

慶尚南道

(정부서울청사)　혜화

(문화회관)　안국

5호선

종로3가　종로5가　동

(탑골공원)

종각

을지로3가　동

역사둔

시청

을지로4가

을지로입구

충무로

회현

(남대문시장)　명동

4호선

3호선

동

의신

서울역 **KTX**

동

대입구(갈월)

버티고개

行前準備

旅行總是有好多事要準備，既要蒐集旅遊資訊，又要抓準時機買機票、安排住宿，但是要怎麼樣才能搶到便宜機票，又到底該住在哪一區才好呢？別擔心，不論基礎情報、換匯，或是稍微進階的實用APP、住宿地問題，行前準備的大小問題通通在這裡解決吧。

文／墨刻編輯部
攝影／墨刻攝影組

蒐集情報

想去哪裡，決定了嗎？開始收集相關資訊，決定這次的目的地吧！蒐集旅遊情報的方式主要可以分為：旅遊書、網路、APP，以下將逐一介紹。

旅遊書

MOOK出版有各種不同規格的旅遊指南，可以作為旅遊準備的參考。

wagamama系列

《首爾攻略完全制霸》以數量驚人的商店和景點介紹為系列主旨，適合想一網打盡景點或店家的旅人。

City Target系列

以當地知名一級景點延伸周邊次級景點，更蒐羅該景點相關趣聞奇事，及背景上小知識，適合想要深度城市旅遊的你。

地圖冊系列

以地圖為中心，介紹步行可達範圍裡的精選景點，輕薄設計讓讀者可以隨帶隨走，不怕迷路。

韓國ACTION

介紹韓國最熱門的觀光區域，並以具體的行程規劃、詳實的景點報導和吃、住、買等介紹，提供旅客實用的旅遊指引。

網路

網路時代，上網找資料當然是最方便省錢的方式，不過網海無涯，總讓人有些迷茫。以下將資料來源分為觀光網站、網路論壇、部落格3種介紹，可依需要查詢。

觀光資訊網站

Free@KOREA韓國觀光公社台北支社

除了可以親訪韓國觀光公社台北支社體驗韓國文化，在網站上也有許多即時消息及韓國當地旅遊資訊。

🛈 www.freeatkorea.com

韓國觀光公社

由韓國觀光公社所提供的內容，包括前往韓國的各項旅遊須知、交通資訊、韓國各地景點介紹、各等級住宿情報、美食推薦、購物指南等，相當好用。

🛈 big5chinese.visitkorea.or.kr/cht/index.kto

首爾市政府（서울시청）

由首爾市政府所主導的網站，貼心設計中文介面，對於認識首爾、遊覽首爾都有詳盡的內容與最新情報，還可以直接連上首爾地圖、地鐵圖、公車路線查詢網站等，是接觸首爾很好的媒介。

🛈 tchinese.seoul.go.kr

Visit Seoul首爾市官方旅遊網站

由首爾觀光公社所提供的內容，更聚焦於景點、住宿、美食、購物、即時匯率、天氣、文化活動等旅人最關心的情報，還可以線上訂房、訂票，非常實用。

🛈 www.visitseoul.net/index

MOOK景點家

整合MOOK採訪資料的景點網站，擁有大量景點資訊，內容持續擴充以外，也會因應時節、主題推出專題報導。

🛈 www.tripass.net

網路論壇

網路論壇如背包客棧、PTT韓國旅遊版等，最大好處就是網友們的經驗分享，如果遇上問題，也可以在這裡發問並得到各路好手的解答。

背包客棧：依地點和旅遊中會遇到的住宿、機票等問題，有鉅細靡遺的分類和說明，以及許多棧友的經驗分享。來這裡爬爬文，對解答旅遊大小疑難雜症相當有幫助。

🛈 www.backpackers.com.tw/

部落格

許多嫻熟首爾的網友，不但分享精采遊記和豐富的第一手訊息，還整理了各式各樣的旅遊情報，能清楚解答在首爾可能遇到的旅行疑問。

認識首爾

行前準備

機場介紹

當地交通

主題旅遊

常見問題

旅遊服務中心

Free@KOREA 韓國觀光公社台北支社

韓國觀光公社的台北支社備有大量的免費中文觀光資料，有需要的人可在上班時間內親自前往挑選，也可以寄信附回郵的方式索取最新版的韓國旅遊指南，不過郵寄方式需要10到12天的處理時間，有空不妨還是親自走一遭，也可以在新開設的KOREA PLAZA體驗韓國文化。

Free@KOREA
韓國觀光公社
台北支社

📍 台北市敦化南路一段245號4F[Korea Plaza]/ 6F[辦公室]（與敦南誠品同棟大樓） 📞 02-2722-1330 🕐 週一至週五9:00～12:00、13:30～18:00 ✉️ ktotp@knto.or.kr

當地旅遊服務中心

韓國觀光公社在各個重要的旅遊點，都會設有旅遊服務中心(Tourist Information Centre)，提供當地的旅遊景點建議、免費地圖、當日訂房、訂票、交通資訊、套裝行程等服務。在各大機場、市中心、火車站或主要觀光景點入口，只要看到大大的「i」就能找到免費即時的當地資訊。

實用資訊網站

除了以上提供的搜尋網站，也可使用以下韓國當地人常用的實用網站。

韓國常用搜尋網站

比起台灣常用的GOOGLE及YAHOO奇摩搜尋網站，在韓國當地使用率第一名的是「NAVER」，再來是「DAUM」，有個人信箱、新聞、地圖、部落格…眾多功能，最特別的是關鍵字的即時排行（급상승트래킹），可以透過排行榜瞭解韓國最新消息。

NAVER
🔗 www.naver.com

DAUM
🔗 www.daum.net

韓國氣象廳kweather
網站有提供中文版介面，更準確提供韓國當地天氣，含溫度、溼度、降雨機率，一周天氣預報、各季節的開花季也能一手掌握。

🔗 www.kma.go.kr/index.jsp

NAVER

DAUM

韓國氣象廳
kweather

新手看這裡

天氣相關韓文單字

天氣	氣溫	降雨量
날 씨	기 온	강 수

體感溫度
체 감 온 도

溼度
불 쾌 지 수 ／ 습 도

風向	風速
풍 향	풍 속

實用APP

現代人蒐集旅遊資訊，當然不能少了APP這一項，以下是到首爾旅遊時實用的APP，建議大家事先安裝好，才可以隨時應變。

韓國自助遊

由韓國觀光公社推出的韓國自助遊提供韓國觀光資訊、住宿比價、優惠券、地圖、即時匯率等，輕鬆旅遊首爾當地。

 韓國自助遊/Android

 韓國自助遊/iOS

NAVER Map

由NAVER公司推出的地圖，在韓國當地能更準確定位位置，規劃地鐵、巴士，甚至是算出搭乘計程車的費用，APP有提供韓、英、中、日文介面。

 NAVER Map/Android

 NAVER Map/iOS

下載完成後進入設定（설정）的語言（언어）選項內將設定改為中文（중국어）即可。

Naver Papago Translate

同樣是NAVER系統開發的翻譯APP，除了可以錄製人聲翻譯外，還透過拍攝照片幫你即時翻譯成中文，介面也非常簡單。

 Naver Papago Translate/Android

Naver Papago Translate/iOS

新手看這裡

地圖相關韓文單字

地圖	查詢路線
지도	길찾기

我的位置	地點
내위치	장소

巴士	地鐵
버스	지하철

查詢路名	周邊
도로검색	주변

餐廳	咖啡廳
음식점	카페

銀行	醫院	藥局
은행	병원	약국

超市	住宿
마트/슈퍼	숙박

便利商店	郵局
편의점	우체국

韓國早已開放持台灣護照者90日以內的短期免簽優惠，因此到韓國遊玩時不需特別辦理簽證，直接持有效護照前往即可。簽證雖辦不成問題，但還是有護照、YH青年旅館卡、國際學生證等常用證件要準備，快來看看注意事項吧。

護照

不論出入國境、住宿旅館，護照都是旅客唯一的國籍與身分證明。

 對象

未持有護照
護照效期不足6個月時。

 哪裡辦

首次辦理須由本人至外交部各辦事處，無法親至則必須在戶政事務所作好「人別確認」，再委由親友或旅行社辦理。

外交部領事事務局(台北)
🏠 台北市濟南路一段2-2 中央聯合辦公大樓3F~5F
📞 02-2343-2888(總機)，02-2343-2807~8(護照查詢專線)
📠 02-2343-2968
🕐 週一~週五 8:30~17:00
🚫 週六日、例假日

外交部中部辦事處
🏠 台中市黎明路二段503號1F 「行政院中部聯合服務中心」廉明樓
📞 04-2251-0799(總機) 📠 04-2251-0700
🕐 週一~週五 8:30~17:00 🚫 週六日、例假日

外交部南部辦事處
🏠 高雄市成功一路436號2F
📞 07-211-0605(總機) 📠 07-211-0704
🕐 週一~週五 8:30~17:00 🚫 週六日、例假日

外交部東部辦事處
🏠 花蓮市中山路371號6F
📞 03-833-1041 📠 03-833-0970
🕐 週一~週五 8:30~17:00
🚫 週六日、例假日

 如何辦

相關規定在外交部領事事務局的網站有詳盡說明：www.boca.gov.tw。以下僅摘要介紹。

準備：
① 身分證正本、正反面影本各一份。（14歲以下需準備戶口名簿正本及影本各一份）
② 護照專用白底彩色照片2張（需為白底彩色、半身、正面、露耳、眼鏡不遮住眼睛或反光、頭頂至下顎介於3.2~3.6公分之間，幼兒需單獨照相，詳細規定請參考：www.boca.gov.tw/ct.asp?xItem=1875&ctNode=255&mp=1）
③ 普通護照申請書
④ 正確英文姓名
⑤ 16~36歲的男性與國均須另準備兵役相關證明至外交部各辦事處相關櫃檯辦理。

 要多久

一般為4個工作天，遺失護照則須5個工作天。如果是急件，可以加價提前辦理，最快為隔天取件。

 多少錢

1,300元。未滿14歲和符合其他規定者為900元。

 **效期**

一般民眾為10年。

認識首爾

行前準備

機場介紹

當地交通

主題旅遊

常見問題

YH國際青年旅舍卡

由青年之家協會發行的YH國際青年旅舍卡是入住全世界四千八百多家青年旅館的必備證件，除此之外，在門票、交通、戶外活動等地方，也常提供卡片持有者意想不到的折扣，在青年之家協會也提供各國青年旅館的相關資訊。

 新手看這裡

關於在韓國自駕…

在首爾旅遊已不再限於市區，將腳步跨至近郊京畿道、江原道景點更是熱門，但在韓國租車自駕不像在日本只要換發國際駕照即可上路，因韓國是根據日內瓦與維也納公約協約國所簽發的國際駕照為準，但台灣未屬協約國之一，所以在台灣換發的國際駕照也不能在韓國國內駕駛；唯一例外是持有91天以上的韓國簽證、外國人登錄證、工作（打工）簽證或是永久居留證才能透過公證辦理韓國國際駕照（觀光簽證期限為90天），因過程耗費金錢與時間不符旅遊效益，建議行前查好接駁交通工具更能享受旅遊。

 對象　因為各種不同理由想要住青年旅館或希望享有旅遊折扣的人。

 哪裡辦
中華民國國際青年之家協會
🏠 台北市大安區忠孝東路四段148號五樓之一
📞 0911909257
🕐 週一/周二/周五/週六，10:00-16:30
💬 @104gxtse
✉ Mailctyha@yh.org.tw
🌐 http://www.yh.org.tw

 如何辦
準備：
①雙證件正本
②護照影本（確認英文姓名用）
③申請表格（可現場在網站上填寫：www.yh.org.tw/Upload/HI_application.pdf）
可直接至青年之家協會現場辦理，或匯款後傳真或郵寄辦理。

 要多久　現場辦理約10~15分鐘，傳真約4~7天，郵寄約5~8天。

 多少錢　600元。郵寄或傳真辦理郵資另加。另有團體卡10人合辦2,000元。

 效期　1年。

49

ISIC國際學生證

ISIC國際學生證是由「國際學生旅遊聯盟」認可發行的國際通用學生證，可以方便學生在出國時作為身分證明，大多用於購買學生機票時，折扣最多。

 對象　本身是學生，且在國外需要用到學生身分的時候。

 哪裡辦

康文文教基金會

🏠 106429台北市忠孝東路四段142號5樓502室(捷運忠孝敦化站5號出口)

◐ 週一~週五 9:00-17:30

☎ (02)8773-1333

📠 (02)8773-3302

✉ travel@isic.com.tw

🌐 www.isic.com.tw

❗ 台中和高雄另有辦事處，請洽網站

新手看這裡

Q 我很想住住看青年旅館，可是我已經畢業N年了，早就不是「青年」了……這樣也可以住嗎？

A 是的。正如YH網站上說：「只要有一顆年輕的心，旅行不分年齡和國籍！」入住YH和辦證，都沒有年齡限制唷！

中華民國國際青年之家協會
資訊請參考P.49

 如何辦

準備：①護照或信用卡的英文姓名及就讀學校的英文簡稱②填寫申請表格③兩吋照片1張。④具有效期限的學生證正反面影本或國內外入學通知影本。⑤身分證明證件正本。

可至康文文教基金會(含台北及台中高雄辦事處)或國際青年之家協會或郵寄辦理。

 要多久　現場辦理約10~15分鐘，郵寄約7天。

 多少錢　350元。

 效期　於8月31日前辦，有效期限至當年12月31日；於9月1日後辦理，有效期限至隔年12月31日。

購買機票

　　網路的發達，讓旅行者在購買機票上有了更多的選擇，不用什麼都透過旅行社，也可以自己上網購票比價，找到符合計畫又便宜的旅遊方法。

購買機票step by step

Step 1　確認出發日期

買機票前，首先必須確定旅行的日期，如果回程的時間還不定，也可以選擇不決定回程日期，也就是回程票先開open。

Step 2

找票比價

找機票可以透過旅行社、訂票網站和航空公司。沒時間的話，可以委託值得信賴的旅行社，幫你留意各種需要注意的事宜，透過網路直接訂票也很方便。

旅行社

旅行社提供機票訂購以及其他旅遊諮詢服務，可以替沒有時間尋找資料或自行訂票的旅客省下不少工夫。另外，在紅葉或是櫻花等旺季，由於機票和飯店很早就會被「卡位」，自己訂不到的話可以試著透過旅行社訂位。

訂機票常用網站

這裡列出的是直接提供線上查詢和訂票服務的常用網站，各航空公司的航班和價格，都可以在線上直接查詢並且訂購。

易遊網🔗www.eztravel.com.tw
易飛網🔗www.ezfly.com

航空公司

除了透過旅行社，航空公司也提供直接購買機票的服務，可利用各航空公司的網頁，輸入旅行日期後查詢票價並進行比價。

中華航空🔗www.china-airlines.com
長榮航空🔗www.evaair.com
國泰航空🔗www.cathaypacific.com
泰國航空🔗www.thaiairways.com.tw
大韓航空🔗www.koreanair.com
韓亞航空🔗flyasiana.com
濟州航空🔗www.jejuair.net/jejuair/tw/main.do
立榮航空🔗www.uniair.com.tw
易斯達航空🔗www.eastarjet.com.tw
真航空🔗www.jinair.com
酷航🔗www.flyscoot.com/index.php/zhtw/
德威航空🔗www.twayair.com

機票比價服務

線上也有彙整的各家機票比價服務，可參考：

背包客棧🔗www.backpackers.com.tw/forum/airfare.php
Skyscanner🔗www.skyscanner.com.tw
Expedia智遊網🔗www.expedia.com.tw

Step 3　訂位

訂機票時，需要準備：1. 護照上的英文姓名 2. 護照有效期限。如果姓名與護照不符會無法登機，請再次確認。

訂位指的是預定機位，開票則指確定機位並付款。透過旅行社或航空公司臨櫃，可以分開訂位和開票；透過網路訂票的話，訂位和開票大部分是一起的：也就是說，在線上填完信用卡和所有基本資料時，就已經一次完成付款動作。

一般機票的價錢還會再加上機場稅、燃油稅等附加金額，在訂位或線上買票時也會知道最後機票的總額。

若使用信用卡在網路上購買機票，搭乘時記得要攜帶同一張信用卡至機場櫃台報到，地勤人員有可能會與你核對並要求出示該次消費所用的信用卡，務必注意。

Step 4　開票

在開票日期之前必須完成開票（也就是付款），至此正式確定機票；換言之，如有任何更改都需支付額外費用。

Step 5　準備出發

該做的都做了，放鬆心情，準備出發吧！

新手看這裡

Q 怎麼買到便宜機票？湊團票是什麼意思？

A 經由旅行社有可能拿到最便宜的機票，就是所謂的「湊團票」，即計畫旅遊票。當10~15人一起搭乘相同班機往返，可以以團體方式向旅行社購買機票，取得較優惠的價格；在網路上查詢或購買時，旅行社也直接會提供這樣的購買選項。計畫旅遊票最大的優點是便宜，相對缺點則包括開票後不能更改、不能延回、不能累積哩程、並且到出發前7天，如果人數沒有湊齊還是無法成行。

認識首爾

行前準備

機場介紹

當地交通

主題旅遊

常見問題

其他注意事項

線上劃位與登機

各家航空公司在時間上的規定不同，但在出發前，都可以透過官方網站，先行挑選自己想要的座位和機上餐點。另外，在出發前24小時也可以先在線上預辦登機，減少在機場時排隊等待的時間。詳細資料請上各家航空公司官網查詢。

購買機票

購買機票最重要的就是價格和日期，而機票種類和轉機次數則是影響價格的重要因素。訂票時要注意票種及其相關限制，以免有需要更改行程時，得額外付出大筆花費。

機票選擇

選擇機票時可根據出國目的〈商務或旅遊〉、時間長短、預計停留多少站〈單點來回、A點進B點出、轉機點停留〉來決定機票種類。若以優惠票價購買，記得先確認機票相關限制，如：可否退票、改期、轉讓、更改行程及日期，以及限定的停留時間。

艙等分類：分為頭等艙〈First Class〉、商務艙〈Business Class〉、經濟艙〈Economy Class〉。頭等艙價格最高，經濟艙最低。

年票（普通票）：價格最高、限制最少。效期通常為一年，可更改日期時間、行程地點，甚至可補差價改搭其他航空公司。

旅遊票：價格較低，有停留天數限制〈2-14天、30天、60天、3個月、6個月〉，限制的時間越短，價格也越低。不可更改行程，不可轉讓，不可退票，更改日期通常需加收手續費。

學生機票：票價較旅遊票低，但須持有國際學生證ISIC卡才能購買。某些國家享有較高的行李託運公斤數，最長停留時間通常為一年。

促銷票〈優惠票〉：航空公司針對淡季、某一特殊時節或目的，不定期推出之特別便宜的促銷機票。限制無一定標準，購買前須確認。

團體票：價格最便宜但限制也最多。有最低人數限制〈至少10人〉，須依附團體進出，不可退票、轉讓、延回。

新手看這裡

Q 機票越早買越好嗎？

A 若計劃出遊時間是旅遊旺季，如7~8月暑假、耶誕及新年假期、農曆過年期間，當然是越早決定越好，想購買優惠票甚至要提早2個月以上。但若是在淡季出遊，就可多多比較旅遊業者提供的各項優惠，甚至在接近出發日期前幾天，有機會買到超便宜的清艙優惠票。

往首爾航班資訊

　　前往首爾，當然是以仁川及金浦兩座機場為主要門戶，從桃園機場出發飛行時間約2小時30分鐘，從小港場出發飛行時間約2小時55分鐘，以下介紹飛往這兩地的直航班機。

仁川機場ICN，仁川市

02-1577-2600　www.airport.kr

航空 \ 出發	桃園國際機場TPE	高雄小港機場KHH
中華航空	CI160每天出發，CI162每天出發	CI164每天出發
長榮航空	BR170 每天出發，BR160每天出發	BR172 週日、週二、週四、週五
泰國航空	TG634每天出發	
大韓航空	KE188、KE186每天出發	KE5700每天出發
韓亞航空	OZ712每天出發	
濟州航空	7C2602每天出發	
真航空	LJ732每天出發	
酷航	TR896週日、週一、週三、週五	

金浦機場GMP，首爾市

02-1661-2626　www.airport.co.kr/gimpo/index.do

航空 \ 出發	台北松山機場TSA
中華航空	CI260週日、一、四出發
長榮航空	BR156週二、三、五、六出發
易斯達航空	ZE888週二、四、六出發
德威航空	TW668週日、一、三、五出發

廉價航空

廉航(LCC, Low Cost Carrier)票價便宜，使機票不再是沉重負擔，近年也成為許多人的首選。不過廉價航空規定與傳統航空不同，事前一定要弄清楚。

了解廉航

韓國廉價航空：分為一般廉航與韓國籍廉航（總公司在韓國），一般廉航如酷航，託運行李、用餐等需要另外收費，韓籍廉航如易斯達、濟州航空等有含15公斤託運及簡單餐點，但有時遇到促銷方案時可能沒有含，購票時要多加注意。

所有服務都要收費：託運行李、飛機餐、選位都要加價購，隨身行李也有嚴格限重，就連修改機票也要付費。

誤點、臨時取消航班：遇上航班取消、更改時間的話，消費者有權免費更換時段一次，誤點則無法求償。

起飛、抵達時間：廉航班機大多是所謂的「紅眼班機」，也就是清晨或深夜出發，安排時行程別忘了列入考量。

購票訣竅

提前訂票：提前3個月、半年訂票，票價較便宜。

把握促銷：廉航促銷時甚至可以買到台北→首爾單程(含稅，不含行李)台幣2,500。

台灣飛首爾的廉價航空

酷航
航段：桃園～仁川
⊕ www.flyscoot.com/index.php/zhtw/

易斯達航空
航段：松山～金浦
⊕ www.eastarjet.com.tw

德威航空
航段：松山～金浦、高雄～仁川
⊕ www.twayair.com

真航空
航段：桃園～仁川
⊕ www.jinair.com

濟州航空
航段：桃園～仁川、高雄～仁川
⊕ www.jejuair.net/jejuair/tw/main.do

新手看這裡

購票前仔細核對資料

更改廉航機票不但麻煩又花錢，部分航空甚至規定非會員不能退票，故購票前記得確認日期、航班、價格、護照姓名、性別等資訊。另外也要決定是否加購行李，事先加購都還算划算，要是在機場超重的話，可是得付出高額費用。

住宿訂房

出門在外，找一個安心的落腳點很重要。韓國隨著觀光發展日益發達，住宿的選擇愈來愈多樣化，只要時間充裕，找定符合自己時間、預算、地理位置的理想住宿點，旅途的煩惱等於解決了一大半了。

住宿類型

韓國的住宿設施相當多元，既有現代化的觀光級飯店、舒適豪華的度假村，也有便宜的青年旅社、汽車旅館、Guest House等，即使荷包不是很豐滿，也有可能入住充滿韓國傳統風味的韓屋民宿。

韓國的住宿設施為了強調環保，大多數都不提供牙膏、牙刷等衛浴用品，部分便宜的住宿甚至連香皂也沒有，記得要自備。

飯店

擁有優越的地理位置或環境，服務體貼、室內空間寬闊，以及完善的飯店設施，適合想在旅行時享受不同住宿氛圍、好好善待自己的旅客。

韓國的飯店大致分為特一級、特二級、一級、二級、三級等5個等級，具體則以無窮花的朵數來表示。最高檔的特一級和次之的特二級，都可獲得5朵無窮花，一級以4朵表示，二級以3朵表示，三級以2朵表示。

商務旅館或汽車旅館

在大城市的火車站和各個鬧區附近，很容易找到便宜的旅館，雖然價格低廉，沒什麼休閒設施，但至少都很乾淨、舒適，最重要的是交通方便，對機動性強的自助旅行者而言很實惠。

民宿

在韓國也很常見的Guest House，多數位置都在地鐵站附近，主打便宜與交通方便，近年來也發展出多樣的風格民宿，像是北歐風、工業風等。

認識首爾

行前準備

機場介紹

當地交通

主題旅遊

常見問題

韓屋民宿

在擁有幾十年、甚至上百年歷史的韓屋住宿，最能體驗最道地的韓式住宿風格，刻意保存傳統格局、裝潢、傢俱、庭園、地熱睡炕等，

讓外國人真實親近韓國文化的氛圍中。提供住宿的傳統韓屋大部分都有電視等基本家電用品，也有現代化的衛浴設備，但洗手間多半設在室外，必須共同使用。有些韓屋還提供茶道體驗、陶器製作、韓國傳統手工藝等文化體驗活動。

韓屋民宿的規模不一，房價往往和觀光級飯店不相上下，有些甚至比住飯店還貴。部份韓屋民宿如有供應午、晚餐，通常也須預約並另外計費。

公寓式飯店

長住型飯店有著與旅館不同的氣氛，坪數寬廣，廚房、客廳、臥室等空間齊備，旅客可以度過悠閒時光，在此找到真正的生活感、休息與放鬆。

青年旅館

學生和背包客最愛，划算、簡單的住宿。也有套房或雙人房，但主要是宿舍式床位，衛浴公用，大多設有公用廚房、付費洗衣設備，還有交誼廳讓旅客聊天交換訊息。

Good Stay

Good Stay是韓國觀光公社與韓國文化體育觀光部合作，透過嚴格標準篩選出優秀的旅館和汽車旅館，並頒予Good Stay的認證標章，為觀光客提供一個安心又值得信賴的舒適住宿空間與服務。目前已有近180家住宿設施獲得Good Stay的認可，能滿足不同旅遊目的的需求。

住宿指南

Q 不會韓文的話，要怎麼預訂飯店呢？

A 多數訂房網站已有中文頁面，到網站頁面點選繁體中文選項後，就可以直接依指示在線上搜尋或訂房。另外，不少飯店也有中文的訂房系統，可以直接線上訂房。

Q 如果臨時不去的話需要取消預約嗎？會不會被扣錢？

A 任何訂房網站都有清楚標明禁止訂房後no show，若行程有改變，請務必告知旅館，取消訂房，不要成為失格的旅人。扣款規定則依各家旅館規定而異。

Q 一般飯店有供餐嗎？

A 商務旅館以上多有供應簡單早餐，在訂房網上通常有未含早餐價錢或含早餐價錢，看個人需求作選擇。首爾有眾多咖啡廳、烘焙坊，不妨可以嚐嚐不同的早餐文化。

訂房網路

AGODA（中文）

AGODA是全球的訂房網，自然有繁體中文版本，相較其他訂房網便利不少，同時也有不少優惠、折扣，甚至還可以賺哩程；網站上有網友的評選排名和住宿評論，可作為選擇時的參考。

 AGODA

Travelnote遊記網

為韓國本地訂房網站，除了飯店住宿資訊，也有美食、票券、優惠券等資訊。搜尋房間時會詳細詢問住宿條件，更快速找到相符的飯店。

 Travelnote 遊記網

比價網站

除了各家訂房網站，還有整合不同房價的比價網站，可以一次看到不同房價，十分方便。

HotelsCombined Tripadvisor

trivago

訂房時會遇上單字們 訂房手指韓文

住宿類型

飯店（hotel）
호텔
ho-tel

民宿（民房・pension・Guest House）
민박・펜션・게스트하우스
min-bak・pen-sion・ge-seu-teu-ha-u-seu

房間種類

標準單人房（single room）
싱글 룸・1인방
sing-geul-rum・il-in-bang
註：一張標準單人床

小雙人房（semi-double room）
세미더블룸
se-mi-deo-beul-rum
註：一張加大單人床（或說一張縮小雙人床），寬約120~140公分。
可1人或2人住。

雙人房（twin room）
트윈룸・2인방
Teu-win-rum・i-in-bang
註：兩張單人床

標準雙人房（double room）
더블룸
Deo-beul-rum
註：一張標準雙人床

三人房（triple room）
트리플룸
teu-ri-peul-rum
註：一般是3張標準單人床

家庭房（family room）
패밀리룸
pae-mil-ri-rum

套房（suite room）
스위트
seu-wi-teu

吸煙室（smoking room）
흡연실
heup-yeon-sil

禁煙室（non-smoking room）
금연 객실
Geum-yeon-gaek-sil

其他常見字

～天～夜
～박～일
～bak～il

取消（cancel）
캔슬・취소
kaen-seul・chwi-so

入住（check in）
체크 인・입실
che-keu-in・ip-sil

退房（check out）
체크아웃・퇴실
che-keu-a-u・toe-sil

在櫃台可能的會話

我要Check in／Check out。
체크인 / 체크아웃하려고 합니다.
che-keu-in／che-keu-a-u ha-ryeo-go hap-ni-da.

你好，我叫＿＿我有訂好房間了。
안녕하세요, 저는 방을 예약한 ＿＿입니다.
an-nyeong-ha-se-yo, jeo-neun bang-eul ye-ak-han
＿＿ip-ni-da.

我沒有預約，想請問今天還有空房嗎？
예약하고 있지 않습니다만, 오늘 빈 방이 있습니까？
ye-yak-ha-go is-ji an-seup-ni-da-man, o-neul bin
bang-i i-seup-ni-ka?

請問有含早餐嗎？
아침식사는 포함되어있습니까？
a-chim-sik-sa-neun po-ham-doe-eo-i-seup-ni-ka?

請問早餐時間是幾點到幾點？
실례지만, 아침 식사 시간은 몇시 부터 몇시 까지입니까？
sil-rye-ji-man, a-chim sik-sa si-gan-eun myeo-si
bu-teo myeo-si ka-ji-ip-ni-ka?

請問房間裡面有wifi嗎？密碼是什麼呢？
방에서 와이파이가 있어요? 비밀번호가 뭐예요？
bang-e-seo wa-i-pa-i-ka i-seo-yo. Bi-mil-beo-no-
ga mo-ye-yo?

可以使用信用卡付帳嗎？
신용카드로 지불해도 될까요？
sin-yong-ka-deu-ro ji-bul-hae-do doel-ka-yo?

請問幾點之前要退房？
체크아웃은 몇시입니까？
che-keu-a-u-eun myeo-si-ip-ni-ka?

退房後，我可以把行李寄放在這裡嗎？
체크아웃 한 후, 짐은 프론트에 맡아도 될까요？
che-keu-a-u han hu, jim-Eun peu-ron-teu-e mat-a-
do doel-ka-yo?

入住後有可能會遇到的小問題

不好意思，廁所好像有問題。
죄송합니다만, 화장실에 문제가 있는 것 같습니다.
joe-song-hap-ni-da-man, hwa-jang-sil-e mun-
je-ga i-nuen geo gat-seup-ni-da.

我可不可以換一間房間？
혹시 방을 바꺼주실 수 있습니까？
hok-si bang-eul ba-keo-ju-sil su i-seup-ni-ka?

我把鑰匙忘在房間裡了，可以幫我開門嗎？
방에 키를 두고 나왔는데, 열어 주실 수 있습니까？
bang-e ki-reul du-go na-wa-neun-de, yeo-lo ju-
sil su i-seup-ni-ka?

請問附近有沒有便利商店？
혹시 주변에 편의점이 있습니까？
hok-si ju-byeo-ne pyeo-ni-jeom-i i-seup-ni-ka?

相關單字

一樓
일 층
il-cheung

櫃台
카운터
ka-un-teo

卡片
카드
ka-deu

電燈
전등
jeon-deung

門鎖
자물쇠
ja-mul-soe

淋浴
샤워
sha-wo

馬桶
변기
byeon-gi

冷氣
에어컨
e-o-keon

棉被
이불
i-bul

枕頭
베개
be-gae

吹風機
헤어드라이기
he-o-deu-ra-i-ki

游泳池
수영장
su-yeong-jang

健身房
헬스장
hel-seu-jang

超級市場
슈퍼마켓
shu-peo-ma-ke

藥房
약국
yak-guk

餐廳
레스토랑
re-seu-to-rang

認識首爾
行前準備
機場介紹
當地交通
主題旅遊
常見問題

首爾住宿 指南

要住時尚繁華的江南都會區、傳統風情的鐘路仁寺洞，或是交通便利的明洞、東大門，要住哪裡才好總是讓人困擾，無法決定的話，不妨先看看以下整理，大致有個方向後再來挑飯店吧。

住宿準則

01先確定行程

首爾住宿選擇豐富，建議先把行程安排好，這樣才知道到底住哪一區比較方便。

02住在線與線交接的地鐵站

首爾地鐵雖有很多條線路，但不似日本電車路線複雜，選擇住宿地時不妨從線與線交接的大站下手，像是弘大入口站即是2號線與機場快線的交接點，同時解決了機場與市區交通的問題，又能兼顧旅遊行程。

03小站也很不錯

弘大入口站、東大門站、明洞站都是搶手區域，不妨可將選擇落在鐘路3街站、清涼里站等，交通四通八達，到其他地方也很近。

04想想機場交通

往返機場總是有些麻煩，抵達當日轉車還無妨，但回程時想必會增加不少戰利品，不妨以機場巴士下車處附近找看看住宿地，通常在上車處對面即可找到回程站牌。

熱門住宿地介紹

首爾站

首爾市區最大的交通轉運站，KTX高速鐵路、首爾地鐵1和4號線、京義中央線、機場快線等皆有行經首爾站，首爾站旁的樂天百貨也是旅人購物必訪之處。

明洞

區內百貨公司、流行服飾店、彩妝保養品店、美食餐廳、咖啡廳、各級飯店等星羅棋布，周邊也有許多換錢所，可說是首爾最具代表性的購物指標地。明洞的飯店或店家服務人員大多都會中文，是觀光客首選的住宿地。

東大門

批貨客最愛的東大門區域附近也有許多住宿選擇，地鐵東大門站、東大門歷史文化公園站出口附近，或是機場巴士都有抵達，相當方便。附近的百貨不夜城讓你逛不停。

弘大

　　首爾市內最具年輕朝氣的區域，在地鐵周邊、弘大停車場街或是延南洞內有經營許多Guest House，各具特色、價格也不貴，沿線有機場巴士經過，附近的商家、餐廳多營業至凌晨，是背包客或是初訪首爾的首選之一。

梨大・新村

　　如果預算不高也可考慮梨花大學或是新村周邊的住宿地，這裡少見高級飯店，多半是民宿或旅店，住起來乾淨、交通也方便，只需要步行即可到弘大商圈。

鍾路・仁寺洞

　　鍾路區保留有許多珍貴的宮殿、寺廟、古老韓屋、歷史悠久的市集，有3條地鐵線交匯的鍾路3街輕鬆步行到仁寺洞、北村和三清洞。

清涼里

　　清涼里非觀光區，物價也較為便宜，也有機場巴士直達，如行程有要往首爾近郊京畿道加平，或是江原道春川、正東津（江陵）等方向，不妨可以考慮住宿清涼里附近。

北村・三清洞

　　位於仁寺洞北側，是首爾現存古老韓屋最密集的地區，三清洞屬於北村的一部份，因為把韓屋與現代商業完美結合而廣受年輕人歡迎，上坡路線花費腳力，如有拖大型行李較為不便。

梨泰院

　　因美軍基地而發展起來的商圈，無論居民、商品、餐飲都充滿各式各樣的異國色彩，區域內有不少民宿是歐美人士的第一選擇。附近夜店較多，晚上時出入複雜，要小心自身安全。

江南

　　指漢江以南，區域涵蓋狎鷗亭洞、清潭洞、三成洞、蠶室洞等，屬於首爾高經濟發展地區，齊聚高級大樓、高級住宅區、頂級餐廳、國際名牌精品，住宿水準相較提升許多，進駐許多國際知名品牌或是風格旅店。

新沙洞

　　屬於江南地的新沙洞在知名的林蔭大道附近也有許多特色飯店，如果想要遠離鬧區可以選擇此地。

錢的問題

出門在外，沒有錢萬萬不能。究竟是應該帶著美金出門呢？還是直接換成韓幣呢？哪些地方可以換到韓幣呢？以下將介紹韓幣幣值及換匯相關問題。

韓國貨幣

韓國通行的貨幣是韓「圜」，唸法接近「Won」，一般以「KRW」或「₩」表示。以下介紹8種面額的紙鈔及硬幣。

₩50,000（오만원）

 韓幣最大面額，黃色與橙色組成，正面主圖為朝鮮時期的女性畫家申師任堂（李珥母親），背景為師任堂繪製的名畫草蟲圖，背面為月梅圖及風竹圖。

₩10,000（만원）

 綠色紙鈔，正面為發明韓文字的世宗大王，背景圖為古時君王御座屏風上繪製的日月五峰圖，背面主圖為環形球儀，背景是天象列次分野之圖及普賢山望遠鏡。

₩5,000（오천원）

 以紅色及黃色為主色調，正面主圖為朝鮮時期知名儒學家李珥，背景圖是江原道江陵市的知名古蹟烏竹軒及紫竹，背面為草蟲圖。

₩1,000（천원）

 藍色紙鈔，韓國政府為紀念朝鮮儒學家李滉（李退溪），將之印在千圜紙鈔，背景為最高學府成均館大學內的明倫堂及梅花，背面為李滉繪製的溪上靜居圖。

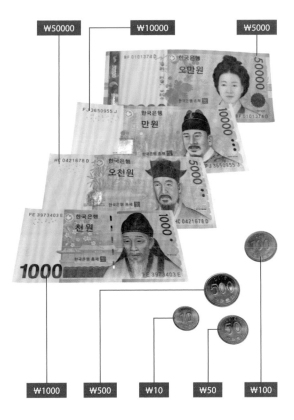

₩500（오백원）

硬幣 硬幣中尺寸最大，白銅製，邊緣呈齒狀，正面圖案為鶴，硬幣背面皆印有數字面值、銀行名稱、鑄造年份。

₩100（백원）

硬幣 同為白銅製，比500稍小，邊緣呈齒狀，印有數字面值及朝鮮名將李舜臣。

₩50（오십원）

硬幣 銀色銅製，尺寸更小一點，硬幣上印有數字面值及稻穗。

₩10（십원）

硬幣 韓幣中最小面額，也是直徑最小的硬幣，邊緣為圓滑，正面為佛國寺多寶塔。

如何查詢匯率？

銀行內及網站皆有即時牌告匯率資訊，「YAHOO！奇摩理財」更能幫你換算，並整理出哪家匯率較划算。匯率分為「現金賣出」與「現金買進」，台幣換外幣則看「賣出」，即銀行賣出外幣給客戶的價格；外幣換回台幣則看「買進」，即銀行買進客戶外幣的價格。記得！台幣除以「賣出匯率」等於韓幣價格，「賣出匯率」越低越划算喔！

先在台灣換美金再到韓國當地換韓幣比較划算嗎？

早期會在台灣將台幣先換成美金，到了韓國再換成韓幣，會比把台幣直接換成韓幣匯率好些，但後期美金下跌，所以直接拿台幣到當地兌換的匯率差距不大，如果手頭上沒有韓幣，可先在台灣兌換一點現鈔當交通費用，再到韓國當地換錢所兌換韓幣。

出門前哪裡換錢？

銀行
各銀行或法定現金匯兌處都可匯兌，無手續費，部分銀行非存戶會加收手續費，需趕在3點半銀行關門前處理。

外幣提款機：台銀、兆豐、玉山等銀行設有外幣提款機，可以持金融卡提取外幣。外幣提款機的好處是24小時服務，且匯率較優惠，缺點是每種幣別都只有一種面額的鈔票，另外也有最高提領額限制。（各家銀行的外幣提款機地點，至官網確認。）

網路
台銀、兆豐皆有線上結匯服務，通過簡單網路申購，就可以不受營業時間限制，直接至分行或機場領取外幣喔！

臺灣銀行—外幣旅支Easy購
手續費：購買外幣現金無手續費。
金額限制：每人每日訂單金額不得超過新台幣50萬。
申購次數：於付款效期（2小時）內之累計有效交易，同一幣別1筆，最多6筆為限。
付款：申購後2小時內利用網路銀行、網路ATM或實體ATM完成付款。
領取：可選擇至分行或機場取票，下單當日營業時間15:30前完成付款，次日起7個營業日內可領取。（依營業時間而定）
https://fctc.bot.com.tw/botfe/index.jsp

機場
機場內皆設有銀行，外幣兌換、匯款、存款等各種銀行業務皆可辦理，另有ATM及外幣匯兌處，但於機場兌換外幣需100元手續費，因此先於國內銀行換錢較划算。

在韓國領錢

如果真的山窮水盡的話，其實可以在韓國當地換取韓幣，或是以信用卡預借現金，銀行帳戶裡有錢的話，現在甚至還可以直接從台灣戶頭提領韓幣呢。

當地換匯

韓國當地機場、銀行、飯店等都可以用台幣換韓幣，但手續費較高。

換錢所

明洞

一品香換錢所

🕐 平日9:00~21:00，假日9:00~20:30 🚇 4號線明洞站5號出口徒步3分

大使館換錢所

🕐 平日9:00~21:00，假日9:00~20:30 🚇 4號線明洞站5號出口徒步3分

東大門

東大門換錢街

🕐 約9:00~21:00

🚇 2、4、5號線東大門歷史文化公園站8、12號出口徒步3分

提領現金

也可以利用金融卡或信用卡於韓國提領現金。

信用卡預借現金

信用卡領現金的規定較為寬鬆，Visa/Plus、Mastercard/ Cirrus、Maestro、American Express和JCB卡皆可在郵局、7-11、機場、各大百貨等地使用，不過注意這算是向銀行預借現金，有金額限制、手續費，利息偏高。

金融卡ATM提款

事先向銀行申請「跨國提款磁條密碼（4碼，與一般晶片金融卡密碼不同）」，並通知銀行你將在海外提款（許多銀行為防詐欺會封鎖突然在海外使用的金融卡），就能在韓國當地的國民銀行（국민은행）、新韓銀行（신한은행）、花旗銀行標有跨國提款標誌的國際ATM直接提領韓幣，提領時可選擇中文介面；需手續費。

提款注意事項

卡片與ATM上都會有相應的系統圖示，先確認兩者系統是否通用；提款時通常選擇儲戶帳戶（Saving Account）即可，但若是Visa或Master金融卡，有時需選擇信用帳戶（Credit Account）才行。最重要的是，出發前記得向發卡公司確認相關服務、需輸入哪種密碼，以免有卡領不到錢。

天氣・保險・通訊

行前除了機票、住宿、行李之外，還有一些小細節最好是在台灣就先確認好，到了首爾當地也比較不用再花時間處理。以下整理幾項提供參考：

確認天氣

韓國氣象局

韓國氣象局的官方網頁，有中文版的即時資訊，可以看到韓國各地當天和次日的最新天氣狀況；也可以看到未來一週的天氣預測。在春、秋兩季，還提供櫻花和紅葉的追蹤訊息。

韓國觀光公社

韓國觀光公社的官方旅遊網站，「旅遊須知」的「天氣預報」裡，可看到韓國各地目前的天氣狀況，包括晴雨、氣溫、降雨量；點進「一週天氣」，可以看到韓國各地未來7天的天氣預報，包括會不會下雨、溫度區間等，可作參考。

YAHOO！奇摩氣象

中文的奇摩氣象可查詢韓國主要城市的一週天氣預報，或是可以直接輸入城市名稱查詢，當下溫度、一週天氣預報一目了然。

旅遊保險

海外的旅遊平安險主要分為意外險、意外醫療險和疾病醫療險三個部分。意外險指海外發生交通事故等意外的保險，可以看自己想投保多少錢（如保100萬）。意外醫療險指在海外因意外而受傷時的醫療補助，一般按比例賠償。疾病醫療險則指在國外生病住院時的醫療補助，和意外醫療險一樣按比例賠償。

旅遊平安險的價格，依照投保金額、旅遊地點和天數決定，約數百元不等。如果本來就有固定的保險公司，出發前只要一通電話就能加保，還會有折扣。另外也可以透過網路購買保險。另外，用信用卡刷卡購買機票時也會附贈旅遊平安險，依各家公司規定不同，部分還包括班機延誤、行李延誤或行李遺失等旅遊不便險的部分，不妨在消費前先行查詢。

最後，如果來不及買保險也沒有用刷卡購票，在機場也設有保險公司的櫃檯，雖然價錢稍微貴了一點，但在入關前不妨花個幾分鐘，買一份旅遊的安心保障。

認識首爾

行前準備

機場介紹

當地交通

主題旅遊

常見問題

網路通訊

在旅程中，使用Google Map、交通APP、美食APP、社群網路，或臨時查詢店家資訊時都需要網路連線，這時旅人們就會發現，少了網路，智慧型手機的功能馬上滅弱一半。以下介紹四種上網的方法：WIFI分享機、上網SIM卡、公眾WIFI與國際漫遊，旅人可以依自己的需求做選擇。

Wifi分享機（台灣租借）

在台灣租借Wifi分享機應該可算是在首爾最方便的上網方式。由於一台分享機可同時讓10台行動裝置上網，因此一群朋友共同分享十分划算。首爾4G上網速度快，在市區通訊都不會太差，而隨著機種更新，現在更有電力持久，且可當隨身電源、在飯店將有線網路轉為無線使用的功能的機器，但要注意上網總流量會有限制。

游客邦韓國樂遊機
☎03-399-2378
WI-UP行動上網分享器
☎02-2711-6959
WI-HO行動上網分享器
☎02-2545-7777

 游客邦韓國樂遊機

 WI-UP行動上網分享器   WI-HO行動上網分享器

Wifi分享機（韓國租借）

韓國目前為4G上網，在市區內幾乎走到哪裡都有免費wifi可使用，但免費wifi較不穩定，對於網路重度需求的人來說，可選擇租借wifi上網分享器，(Olleh Wibro Egg)，大小外形類似行動電源，租金一天約₩8,000，不定時會有優惠，可同時提供4~5台智慧型手機、平板電腦、筆電無限上網，電池續航力約8小時。目前有供應wifi上網分享器的有KT Olleh、LG U+、SK Telecom等電信，持護照至該電信位於機場的櫃台，以信用卡過卡或支付押金即可租借。

 KT Olleh   LG U+

 SK Telecom

上網SIM卡

除了租借Wifi分享機以外，也可以選擇上網SIM卡。較不方便的地方在於，要使用上網SIM卡必須把手機內原本的SIM卡取出，換上專用SIM卡，雖然這樣一來便無法使用台灣的號碼，但因為有通訊軟體，還是可以與親友保持聯繫。

目前韓國SIM卡有三間服務公司：KT Olleh、LG U+及SK Telecom，行前可至網站預約SIM卡列印租借憑據，到機場後可以馬上領卡，減少等待時間。

 KT Olleh   LG U+

 SK Telecom

國際漫遊

業者	費率	備註
中華電信 emome	日租一日298元 (可依天數申請)	每日上網量達2GB後降速至256 kbps
台灣大哥大	日租一日399元(可一次申請1~30天) 四日以上199元(最少申請天數4天起，可一次申請4~30天)	
遠傳	一日99元(最少申請天數4天起，可一次申請4~30天)	

以上費率為2024年3月本書出版時之資訊,詳細費率請洽電信業者

更多免費WIFI

除了前述的上網方式，還有許多專門的免費APP或服務，不妨作為參考，雖然通常會租用WIFI分享機器，但難免會分開個別行動，這時候這些服務就可以派上用場。

仁川／金浦機場及機場快線

剛抵達機場時也不愁沒WIFI可用，機場內都有提供免費WIFI連線，無需密碼即可連接，搭乘機場快線的車廂也可連接免費WIFI。

各站地鐵

韓國的網路速度是世界知名的快，在坐地鐵時也可以連接站內免費WIFI。

咖啡廳

在外面如果真的怎麼找都沒有WIFI，不妨隨意找一間咖啡廳點杯飲料吧！除了一般熟悉的STARBUCKS外，其他韓國當地的咖啡連鎖店都有免費WIFI提供。

iptime

同樣是首爾免費WIFI，無須登入帳號密碼即可使用，只要連接過一次iptime WIFI去到有該訊號的地方時即會自動連線。

PublicWiFi@Seoul

首爾官方免費wifi，在首爾市區內打開手機wifi連線功能，找尋「PublicWiFi@Seoul」名稱，無須帳號密碼即能開始使用。

Free Wifi Korea（限定iOS系統）

此APP只有英文介面，不需要韓國iTunes帳號，
亦不需在韓國都可以下載，只要手機有網路即可以馬上定位現在位置，並搜尋附近可用免費WIFI。

Copyright (c) 2015년 OhTony. All rights reserved.

여기는 1층 도착층 입니다
You are on the arrival hall (1st Floor)

国内线到达　国内線到着
Domestic Arrivals 국내선 ✈ →

母嬰室　授乳室
Nursery 유아휴게실 ↑

卫生间　お手洗
Toilets 화장실 →

问讯处　案内
Information 공항안내 ? →

会面点(东)　ミーティングポイント(東)
Meeting Point (East) 만남의 장소(동측) →

CAFFÈ PASCUCCI

機場介紹

出發的這一天終於到來，第一步該怎麼走？搭乘大眾交通工具、計程車或開車抵達機場後，找到check-in櫃檯、通關、登機……首爾，就在3小時的距離之內了！

文／墨刻編輯部
攝影／墨刻攝影組

前往機場

台灣的國際機場以桃園國際機場為主，還有台北松山機場、高雄小港機場，通常建議在2~1.5小時以前抵達機場，扣除辦理各種手續的時間和臨時狀況，還可以利用一下機場的各種設施，寬心等待飛機起飛。

桃園國際機場

機場捷運

桃園機場捷運於2016年底正式開通，旅客可從台北車站搭乘捷運直達桃機，直達車首班為6:00出發，末班車23:00。另外也有沿途停靠林口、新莊、三重一帶的普通車可利用。

客運巴士

由台北前往

國光、大有、長榮、飛狗等各家客運公司的價差並不大，且由於班次密集，可以直接於現場購票搭乘。詳細巴士資訊請至各官網確認。車程約50~70分。

由桃園前往

由桃園出發的統聯客運，主要提供旅客由高鐵桃園站前往桃園機場的接駁服務，尖峰時車班密集，車程約20分，對於透搭乘高鐵前來搭機者相當方便。

由台中前往

國光、統聯、飛狗都有巴士可利用，主要從台中車站出發，也可以在朝馬站上車。車程約2小時10~30分。

由高雄前往

高雄沒有直達巴士可以抵達桃園機場，可以至台中轉乘客運，或是直接搭乘高鐵至桃園站轉乘接駁車。

計程車

北區大型計程車隊都有提供叫車到府的機場接送，也可利用機場接送專業服務網的服務。一般需在出發前3小時到3天前預約，部分車隊並提供事前預約的優惠價格。4人座轎車由台北市區到桃園國際機場約在700元~1000元之間，休旅車及郊區接送須再加價。

開車

開車前往桃園機場後，將車停在停車場內直到回國取車也是可行的交通方式。可利用第一、第二航廈附設停車場及航空科學館停車場，機場停車場均24小時開放，進場未滿30分內出場之車輛免費；逾30分後開始計時收費。

高雄國際航空站

高雄捷運

搭乘高雄捷運紅線至國際機場站下車後，由6號出口可通往國際航廈。捷運運行時間為6:00~23:00。

客運

中南客運、屏東客運、國光公司和和欣客運有班次連接恆春、枋寮、墾丁、嘉義和新營等地，運行時段依各公司而異，其中中南客運和屏東客運班次較為密集。

計程車

高雄市內為按表計費。另外，機場的排班計程車會加收行李箱費10元。

開車

24小時開放的停車場，前30分免費，後30分收費30元，1小時以上每30分收費15元。隔夜價格沒有另外規定，全照停車時數計費。

台北松山機場

捷運

搭乘捷運文湖線，至松山機場站下車即抵。首班車為6:03發車，末班車為00:25發車。

市區公車

搭乘台北市區公車33、214、225、225區間車、254、262、275、285、617、630、801、803、902、906、909、敦化幹線、棕1、棕16、紅29、紅31、紅32等班次均可抵達。

客運巴士

國光、台聯、汎航、桃園、亞通、三重、飛狗、豪泰等客運巴士，均有班次連接松山機場與桃園國際機場、林口、桃園市區、南崁、中壢、新竹和基隆等地。運行時間段為5:00~00:30，約10~20分一班。

計程車

由台北前往均為按表計費。

開車

松山機場附設3處小客車24小時停車場和1處大型車停車場，隔夜價格沒有另外規定，全照停車時數計費。小客車30分以內免費，平日/日間收費 40元/一小時，也可以使用線上停車預約www.youparking.com.tw

認識首爾

行前準備

機場介紹

當地交通

主題旅遊

常見問題

無事抵達機場之後，就要找到航空公司櫃台，開始辦理check-in手續了。為了讓報到順利，收拾行李時別忘了注意託運行李及隨身行李的相關規範，才不會觸犯規定。

尋找航廈和櫃檯

不論哪種交通工具，抵達機場後就可以憑著清楚的標示抵達正確的航廈，下一步就是尋找出境大廳裡自己的check-in櫃檯。

除了桃園機場分為兩個航廈，需要稍微小心外，松山機場和高雄國際航空站只有一個航廈，較不需要擔心走錯。

抵達出境大廳後，可以透過報到櫃台的電子指示看板和各櫃檯上的編號與航空公司標示，找到正確的check-in櫃檯。

新手看這裡

線上劃位與登機

各家航空公司在時間上的規定不同，但出發之前都可以先透過網路先行挑選自己想要的座位和機上餐點。另外，在出發前24小時也可以先在線上預辦登機，減少在機場時排隊等待的時間。

check-in手續

check-in手續和託運行李是一起完成的。check-in的動作，讓航空公司最後確認你的機位狀況，領取正式登機證後才可入關及登機，辛苦搬到這裡的笨重行李則可以交給櫃檯，留下隨身行李即可。

這裡需要查驗：

護照：作為身分證明之用。

電子機票：如果電子機票有列印出來可以 地勤人員節省查找時間。

託運行李：在櫃檯旁經過行李稱重、掛行李條、由地勤人員綁上貼條後，還需稍待行李通過X光檢查，才完成託運手續。

這裡你會拿到：

正式登機證：一聯二式的正式登機證，上面清楚註明登機時間、登機門、座位等資訊。

不同航空公司的登機證長得不盡相同，不過都會包含以下資訊：

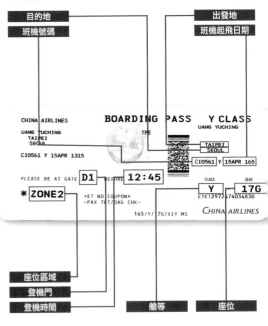

行李託運單：一般其實不會用到，但當行李遺失時，這張單據憑證，可以方便航站人員進一步協助處理，並查找你行李的下落，同時也可作為行李持有者的證明。

託運行李

上文已介紹託運行李的步驟，這裡就相關規定作更清楚的說明。

行李限重規定？

飛往歐亞澳地區的經濟艙旅客，單人託運行李限重20公斤，行李大小限長56公分、寬36公分、高23公分。

一定要寫行李條嗎？

航空公司櫃檯都有行李條可用，內容為姓名、電話、住址等基本資料，如果本來就有掛相關資訊在行李上可以不用寫。沒有的話，要知道萬一託運時不幸遺失，沒有標明的行李最容易下落不明。

什麼東西只能託運，不能帶上飛機？

包括指甲刀在內的各種刀具
超過100ml的香水、髮膠等噴霧或液態物品
酒類
運動用品

什麼東西不能帶？

打火機不論託運或隨身都不能帶，其他像是動植物、易燃物品（包括70%以上的酒類）等也不行。

檢查護照和隨身行李

在機場可以看到出境指標，在這裡出示①護照 ②機票後，就可以通過出境大門，開始進行出境手續。

首先檢查隨身行李。隨身行李分件置放、隨身攜帶的物品（如錢包、零錢、手機等）和金屬品（如皮帶）也都須放置於置物籃內，通過X光檢查儀的檢驗。旅客本人則必須通過金屬感應門。

隨身行李相關規定

經濟艙隨身行李限重7公斤，長寬高限制為56x36x23公分。乳液、牙膏、髮膠、眼藥水等液體、膠狀及噴霧類物品，單瓶體積不可超過100ml，且需裝於不超過1L、可重複密封的透明塑膠袋內，安檢時須單獨放置於籃內通過檢查。另外水、飲料都無法通關，口渴可以進關後再買，機場裡也有飲水機。

Knowledge Supply

常見的行李問題

出入境行李規範多，以下可說是最容易搞混、疏忽的幾項，快檢查看看。

01 **行動電源**：行動電源或鋰電池都必須隨身攜帶，不可託運。

02 **腳架**：民航局規定管徑1公分內、收合後未超過60公分的腳架可帶上機。

03 **菸酒**：菸酒入境規定明確，酒類2瓶(2公升)，香菸為捲菸400支或雪茄50支或菸絲2磅，稅店2條菸就已達免稅標準。

04 **農畜水產品**：水果、生鮮海產或肉品絕對不能攜入，真空包裝的帝王蟹、肉類也一律禁止，另外米、茶葉等產品不得超過1公斤。

認識首爾

行前準備

機場介紹

當地交通

主題旅遊

常見問題

Step 1

飛機停妥

飛機降落後會慢慢滑行到指定位置，在飛機完全靜止前請在座位上稍待，等停妥後才能起身、取行李、開手機。

Step 2

入國審查

隨著「Arrival」的指標前往入境審查處(Immigration Control)。待移民官員審查機票、護照、及其他必要證件後，會在護照上蓋入境章，就可以通關了（請參考p.75）。

Step 3

領取行李

通過入境審查後，隨著「Baggage Claim」的指標前往領取行李。依照螢幕上顯示的航班，認清楚行李的位置後，就可以到行李旋轉台找自己的行李囉！

Step 4

行李檢查

領到託運行李後前往入境口，韓國的行李檢查是採取抽樣檢查方式進行，除非有需申報的特殊物品，否則直接朝綠色大門口走出去（請參考p.76）。

Step 5

入境韓國

通過行李檢查，走出大門，就正式踏上韓國國土啦！

入國審查

隨指標抵達證照檢查處後，請在標示為「外國人審查」的窗口前依序排隊（窗口上方有電視螢幕顯示，藍色為韓國公民通道，紅色為外國人通道），並準備：①護照 ②填寫好的出入境表格 ③機票存根，在輪到你時交給窗口的入境審查官。檢查完資料後，審查官蓋上入國許可，並請你在指紋登記系統留下紀錄，完成入國手續。

如何填寫入國紀錄

在飛機上空服人員會詢問需不需要入境卡〈ARRIVAL CARD〉，每人一張，即使是未成年的小孩也須個別填寫，利用乘機空檔填寫，加快入境程序的時間。如忘了索取，亦可在入境審查處前面取得。

ARRIVAL CARD 入境卡(外國人用) ※ Please fill out in Korean or English. ※ 请填写韩文或英文。

Family Name / 姓	Given Name / 名	③ ☑ Male/男 □ Female/女
❶ Chen	❷ Michael	

Nationality / 国籍	Date of Birth / 出生日期	Occupation / 职业
❹ Taiwan, R.O.C.	Y Y ⑤ M M D B	❻ Teacher

Address in Korea / 在韩地址	(☎ : ❽ 2-2672-1971)
❼ Seoul Backpackers Myeong-Dong	

※ 'Address in Korea' should be filled out in detail. (See the back side)
※ 必须填写'在韩地址'。(参考后面)

Purpose of visit / 入境目的	Signature / 签名
❾ ☑ Tour 观光　　□ Visit 访问 □ Business 商务　□ Employment 就业 □ Others 其他( )	❿ 陳墨客

疫情後注意事項

韓國政府將依環境情況要求入境旅客事先至Q-CODE網站填寫《健康狀態調查》等入境檢疫資訊，旅客取得Q-CODE後入境，建議出發前再次查詢是否需要填寫資料。
📳 qcode.kdca.go.kr

韓國與台灣自動通關即起生效

只要你年滿17歲、在韓國境內無不良紀錄，在「入境」韓國後便能在韓國各機場的SES(Smart Entry Service등록센터)服務櫃台申請自動通關資格，申請後護照上會貼上SES貼紙，獲得最多五年的使用資格(期限視護照年效)，等出境或是下次入境韓國時就能直接使用自動通關功能囉！

❗記得要「入境韓國後」到櫃台辦好通關資格才能使用，所以在未申請前，入境都需要排隊等候人工通關。

SES自動通關機場服務地點：

仁川機場第一航廈：📍
Check-in櫃台區域(Zone G 3F)
🕖 7:00~19:00

仁川機場第二航廈：📍One
Stop Public Service Zone(Immigration Affairs Center 2F) 🕖 7:00~19:00

金浦機場：📍Immigration Service Center 2樓 🕖 週一~五9:00~18:00

📳其他辦理地點及資訊可至網站查詢

韓國自動通關網站

指紋登記 step by step

為了預防恐怖事件發生，2011年起年滿17歲以上入境韓國的外國旅客，都必須經過按指紋與臉部相照過程才可入境。

Step 1 ── 抵達後請準備好已經填寫完成的入境表格，於外國人的櫃檯依指示排隊。

Step 2 ── 向櫃檯入境審查官提交護照、填寫好之入境表格。

Step 3 ── 在海關人員的引導指示下讀取指紋。請將兩隻手的食指放上指紋機，稍微用力按壓後等候電腦讀取指紋資訊。

Step 4 ── 準備臉部拍照，請將臉部正對著指紋機上的攝影鏡頭。

Step 5 ── 接受入境審查官的詢問。

Step 6 ── 入境審查官審核認可之後，會在護照上蓋上入境許可章。

Step 7 ── 等候入境審查官歸還護照，完成入境手續。

領取行李

新手看這裡

行李遺失怎麼辦？
若是行李輸送道上找不到
自己的行李，先在提領處
周圍繞一繞，確認沒有
被別的旅客不慎取下。
確認遺失後，立刻前往提
領處對面的行李協尋櫃台
〈**Baggage Service**〉，找到所搭乘的航空公司櫃台
申報遺失。

一通過入境審查的關卡，就會看到關於行李提領的告示板〈Baggage Claim Information〉，上頭清楚顯示已抵達仁川機場的航班、航班啟程地、行李輸送道與距離該輸送道最近的入境出口，只要找到自己所搭乘的航班，即能知道領取行李的輸送道。

❶航班　　❷航班啟程地
❸行李輸送道　❹入境出口

行李檢查

在行李旋轉台上找到行李後，還必須通過最後一關行李檢查，才能正式進入韓國。韓國是行李採隨機抽樣檢查，如果有需要特別申報的物品的話，必須走紅色通道，如果沒有的話可由綠色通道通關。在這裡請準備：

❶行李申報單
❷護照
以上物件備齊交給海關人員查驗。

海關申報單

早期入境時填寫的海關申報單只有提供英文版，目前已有提供簡體中文版申報單，填寫起來更容易！

1.如是家族同行，只需派一位填寫一張海關申報單；如是情侶朋友仍需一人一張申報單。

2.如無攜帶需要特別申報物件在A面全部勾「否」的選項，也無需填寫B面資訊。

❗近年韓國政府簡化流程，只要求需申報者繳交申報單，但實際情況需依當時規定。

(A面)

游客携带物品申报单

- 所有入境人员均需填写并提交此申报单，大韩民国海关官员需要时，可随时检查旅客的行李物品。
- 以家庭为单位入境时，家庭一员代表填写即可。
- 填写时，请务必阅读申报单背面的填写须知。

❶	姓名	Michael Chen
❷	出生日期	1980/02/03	❸ 护照号码	123456789
❹	职业	Teacher	❺ 停留期限	5	日
❻	旅行目的	☑旅游 □商务 □探亲访友 □公务 □其他
❼	航班号	TG634	同行家属	人
❽	来韩前所访国家（共 0 国）	1. 2. 3.
❾	韩国地址	Seoul Backpackers Myeong-Dong
❿	联系电话（手机）☎	02（2672-1971）

海关申报事项
-请在下列问题口内填"√"-

		是	否
1.	是否从国外（包括国内外免税店）获取（包括购买、捐赠、赠送）超过免税范围的物品（参照背面1）【金额：约　　】※自行申报超过免税范围的物品时，减免30%关税（不超过15万韩币）。	□	☑
2.	是否携带需要享受特殊优惠关税的FTA缔约国产品。	□	☑
3.	是否携带超过1万美金以上的支付工具（韩币、美金等法定货币、银行支票、旅行支票及其他有价证券等）【金额：约　　】	□	☑
4.	是否携带韩国违禁物品与受限物品（枪支、炮弹、刀剑、毒品及危害国家安全和社会稳定的物品）（参照背面2）	□	☑
5.	是否携带动植物、肉类加工品等需要检疫的物品；是否前往过畜产传染病发生国家的畜禽农场。※前往畜禽农场者，需向韩国检疫本部申报	□	☑
6.	是否携带销售品、公司货物（样品等）、他人委托携带物品、代购物品等货物	□	☑

⓫	我保证以上所填申报内容属实无误。
	2018年 8月 31日
⓬	申报人：Michael Chen （签名）

85mm×210mm（一般用纸 120g/㎡）

(B面)

【申报物品填写栏】

▸烟·酒·香水（若超过免税范围，则应填写所有携带物品数量）

酒	瓶，共（　）升，金额（　）美金
烟	盒（以20根为准）香水（　）毫升

▸其他超过免税范围（600美金）的物品

品名	数（重）量	金额

1. 携带物品免税范围

▸烟·酒·香水

	酒	香水	烟
	1瓶（不超过1升，且不超过400美金）	60毫升	200根

*未满19周岁旅客所携带的烟`酒等物品，不属于免税范围。

▸其他
不超过600美金
（限本人使用，礼品，随身物品）
*农林畜产品、中草药等不超过10万韩元，每种物品的数量与重量均有所限制。

2. 违禁物品与受限物品

- 枪支、炮弹、刀剑等武器与仿真武器、炸弹、雷管、火药、放射性物质、窃听装置等
- 冰毒、鸦片、海洛因、大麻等毒品与违禁医药品
- 危害国家安全、破坏社会稳定、泄露政府机密的物品
- 损害知识产权的冒牌产品、假钞、伪造有价证券等
- 熊胆、麝香、鹿茸、鳄鱼皮等濒危野生动植物与相关产品

3. 需检疫物品

- 活体动物（宠物等）、水产动物（鱼类）、鲜肉、肉脯、火腿肠、午餐肉、奶酪等肉类加工品
- 土壤、芒果、核桃、山参、松耳菌、橙子、樱桃等鲜果、坚果以及蔬菜等

※ 填写须知

- 姓名应填写护照上的韩文名或英文名。
- 若发现未申报、虚假申报或代理携带物品，根据大韩民国《关税法》将判处五年以下有期徒刑或给予拘留、征收附加税（纳税额的40%,两年内超过2次的征收60%）、通告处分、没收物品等。
- 根据FTA协议规定，凡符合一定要求的物品，均可享受特殊优惠关税，但需要事先申请特殊关税的，则应当进行一般进

仁川國際機場

仁川國際機場是韓國接軌國際的重要大門,原只有第一航廈提供出入,為因應2018年的平昌冬季奧運的大量旅客,於2018年1月正式啟用第二航廈,機場設備完善,入境大廳滿足國際旅客抵達韓國最初步、基本的需要。

仁川國際機場

仁川機場第一航廈(T1)

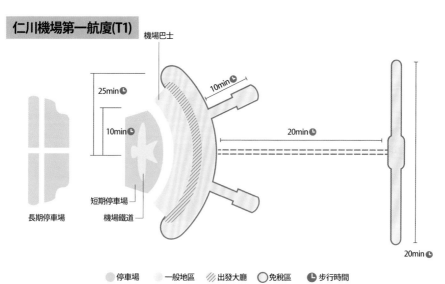

機場巴士

25min

10min

10min

20min

20min

短期停車場
機場鐵道
長期停車場

⬤ 停車場 　⬤ 一般地區 　▨ 出發大廳 　◯ 免稅區 　🕐 步行時間

仁川機場第二航廈(T2)

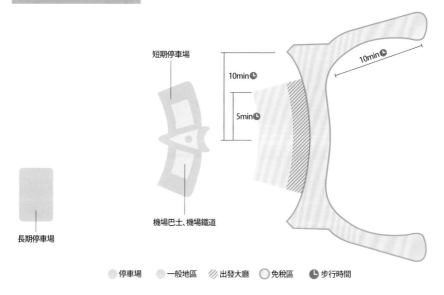

短期停車場

10min

10min

5min

機場巴士、機場鐵道

長期停車場

⬤ 停車場 　⬤ 一般地區 　▨ 出發大廳 　◯ 免稅區 　🕐 步行時間

認識首爾

行前準備

機場介紹

當地交通

主題旅遊

常見問題

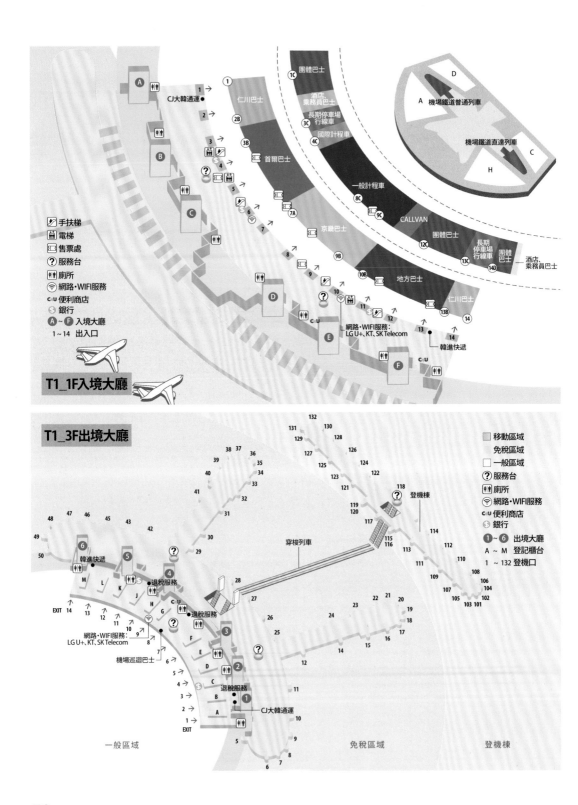

T1_1F入境大廳

T1_3F出境大廳

移動區域
免稅區域
一般區域
? 服務台
廁所
網路‧WIFI服務
便利商店
銀行
1~6 出境大廳
A~M 登記櫃台
1~132 登機口

手扶梯
電梯
售票處
? 服務台
廁所
網路‧WIFI服務
便利商店
銀行
A~F 入境大廳
1~14 出入口

CJ大韓通運
仁川巴士
團體巴士
酒店、乘務員巴士
長期停車場行線車
國際計程車
首爾巴士
一般計程車
CALLVAN
京畿巴士
團體巴士
長期停車場行線車
團體巴士
酒店、乘務員巴士
地方巴士
仁川巴士
網路‧WIFI服務：LG U+、KT、SK Telecom
韓進快遞

機場鐵道普通列車
機場鐵道直達列車

穿梭列車

韓進快遞
退稅服務
網路‧WIFI服務：LG U+、KT、SK Telecom
機場巡迴巴士
退稅服務
退稅服務
CJ大韓通運

一般區域
免稅區域
登機棟

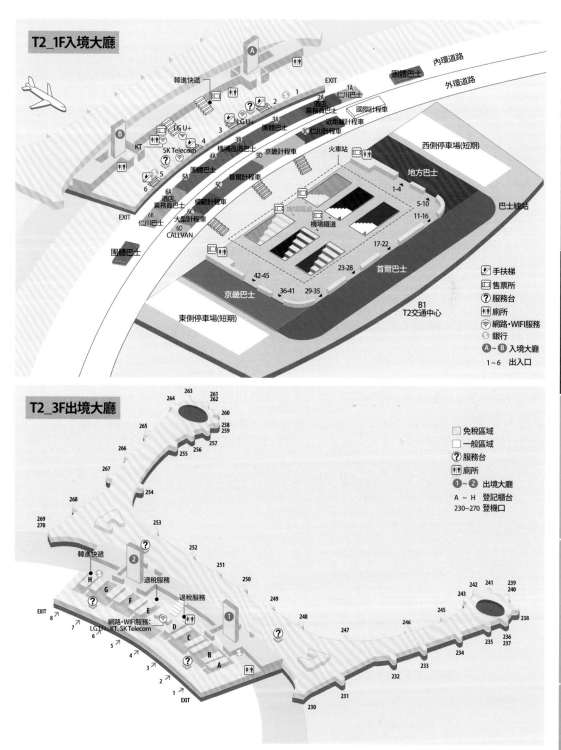

認識首爾

行前準備

機場介紹

當地交通

主題旅遊

常見問題

第一航廈

航空公司：
中華航空、長榮航空、國泰航空、泰國航空、韓亞航空、濟州航空、立榮航空、真航空、酷航、德威航空

機場服務：

名稱	服務	位置	時間
遊客中心			
綜合詢問處	疑難解答，其他旅遊問題	1F C、D入境大廳；3F 25、29號登機口、C、K櫃台	00:00~24:00
旅遊服務中心	韓國觀光資訊，多種語言韓國觀光手冊	1F 5、10號出口	7:30~22:00
機場地鐵指南	機場列車、KTX售票、列車指南、酒店預訂	1F 9號出口、B1F中央	9:00~21:30
機場巴士指南	機場巴士指南及購票	1F 4、9號出口	6:00~22:00
酒店預訂	韓國國內酒店預訂	1F 7號出口	7:30~22:00
國際計程車服務	國際計程車預訂及指南	1F 4號出口	24小時
外幣兌換・退稅服務			
新韓銀行 (신한은행)	銀行業務、外幣兌換、旅行支票等業務	1F C入境大廳，6、12號出口	約5:00~23:00
		3F C、G櫃台，11、43號登機口	6:00~22:00
		B1F 中央(東西側各一間)	9:00~16:00
		登機棟3F 115號登機口	7:00~21:00
KEB韓亞銀行 (KEB하나은행)	外幣兌換、旅行支票等業務	1F B、D入境大廳，11號出口	B入境大廳24小時；D入境大廳，11號出口5:00~22:00
		3F 29號登機口，4號出口，D、L櫃台	29號登機口24小時；其他5:00~22:00
		B1F 西側	9:00~16:00
		登機棟3F 119號登機口	5:00~22:00
友利銀行(우리은행)	外幣兌換、旅行支票等業務	1F 4、9號出口，C、E入境大廳	4號出口24小時；E入境大廳4:30~23:00，其他6:00~23:00
		3F 25號登機口，F櫃台	6:00~21:00
		B1F 東側	9:00~16:00
		登機棟3F 119號登機口	7:00~20:00
退稅機	退稅服務	3F中央、東、西側，免稅區：3、4F中央	24小時
寄送服務			
韓進快遞(HANJIN)	提供韓國國內郵寄服務	1F 13號出口	7:00~21:00
	提供國內外郵寄、貨物保管	3F M櫃台	24小時
CJ大韓通運 (CJ대한통운)	提供韓國國內快遞服務	1F 1號出口	7:00~21:00
	提供國內外快遞、貨物保管	3F A櫃台	24小時
郵局(KOREA POST)	郵寄、金融服務	2F 中央	9:00~18:00
網路・WIFI服務			
LG U+	手機、WIFI機、SIM卡租借服務	1F 6、10號出口、3F G櫃台	6號出口24小時；其他6:00~22:00
KT	手機、WIFI機、SIM卡租借服務	1F 6、10號出口、3F E-F、G-H櫃台 免稅區：27號登機口	10號出口24小時；27號登機口7:00~21:00；其他6:00~22:00
SK電信 (SK Telecom)	手機、WIFI機、SIM卡租借服務	1F 6、10號出口、3F G櫃台 免稅區：27號登機口	5號出口24小時；27號登機口7:00~21:00；其他6:00~22:00
免費上網區	提供電腦免費上網服務	4F 25、29號登機口	24小時
其他服務			
失物招領中心	失物招領	B1 西側	7:00~22:00
SES(Smart Entry Service)服務櫃台	申請自動通關資格	3F G櫃台	7:00~19:00
吸煙區		3F 10、12、15、30、40、45登機口 登機棟3F 106、123、127登機口	24小時
機場巴士	巴士售票處及等車處	1F 4、6、7、8、11、13號出口旁及9C	24小時
機場巡迴巴士	第一、二航廈間免費聯絡交通	3F 8號出口	發車時間:4:57~00:31

第二航廈

航空公司：
　大韓航空、達美航空、荷蘭皇家航空、法國航空
機場服務：

名稱	服務	位置	時間
遊客中心			
綜合詢問處	疑難解答，其他旅遊問題	1F 2號出口	5:00~23:00
		1F 5號出口	24小時
		3F G櫃台，253號登機口	24小時
		3F B櫃台，248號登機口	5:00~23:00
國際計程車服務	國際計程車預訂及指南	1F 3號出口	7:00~20:00
外幣兌換・退稅服務			
新韓銀行 (신한은행)	外幣兌換業務	3F H櫃台對面	24小時
		1F B入境大廳	5:00~22:00
		1F 2號出口，3F A櫃台對面	6:00~22:00
		B1F 中央	6:00~21:00
KEB韓亞銀行 (KEB하나은해)	外幣兌換業務	1F 5號出口	24小時
		1F 2號出口	6:00~22:00
		3F 249號登機口、H櫃台對面	5:00~22:00
		B1F 中央	9:00~16:00
友利銀行 (우리은행)	外幣兌換業務、*ATM服務	1F A入境大廳、*5號出口	6:00~22:00
		3F 252號登機口、*A櫃台對面	5:00~22:00
		B1F 中央(外幣兌換、海外匯款、旅行支票)	9:00~16:00
		*B1F 中央	7:00~21:00
退稅機	退稅服務	3F D、E櫃台、249、253登機口 免稅區：3、4F中央	24小時
寄送服務			
韓進快遞(HANJIN)	提供國內快遞、國際快遞、保管行李、包裝服務	1F 中央	6:30~22:30
		3F H櫃台對面	6:30~22:30
網路・WIFI服務			
LG U+	手機、WIFI機、SIM卡借服務	1F 4號出口	24小時
		3F 免稅區251號登機口對面	7:00~21:00
		3F 中央	6:00~22:00
KT	手機、WIFI機、SIM卡借服務	1F 3號出口	24小時
		3F 免稅區251號登機口對面	7:00~21:00
		3F 中央	6:00~22:00
SK電信(SK Telecom)	手機、WIFI機、SIM卡借服務	1F 4號出口	6:00~22:00
		3F 免稅區251號登機口對面	7:00~21:00
		3F 中央	6:00~22:00
免費上網區	提供電腦免費上網服務	4F 231、268號登機口	24小時
其他服務			
失物招領中心	失物招領	2F 中央(政府綜合行政中心內)	7:00~22:00
SES(Smart Entry Service)服務櫃台	申請自動通關資格	2F 行政綜合中心內(Immigration Affairs Center)	7:00~19:00
吸煙區		1F 1、3、4、6號出口，3F 2、4、7號出口，3F 235、247、254、264登機口	24小時
機場巴士	巴士售票處及等車處	B1F 客運站	24小時
機場巡迴巴士	第一、二航廈間免費聯絡交通	3F 4~5號出口	發車時間:4:34~00:08

金浦機場原本是首爾的國際機場，自從仁川國際機場完成後，退居為國內機場。金浦機場分為國際線（국제선）與國內線（국내선）兩個航站，多用於韓國國內班機，目前有提供松山至金浦的航班。國際線一樓為入境大廳，二~三樓分別為出境大廳及報到櫃台。

國際線航廈

航空公司：
中華航空、長榮航空、易斯達航空、德威航空

機場服務：

名稱	服務	位置	時間
遊客中心			
綜合詢問處	疑難解答，其他旅遊問題	1F入境大廳	10:00~22:00
國際計程車服務	國際計程車預訂及指南	1F 1~2號出口之間	10:00~23:00
酒店預訂	韓國國內酒店預訂	1F 2號出口	6:00~22:30
外幣兌換‧退稅服務			
友利銀行(우리은행)	外幣兌換業務	1F 入境大廳1號出口附近	9:00~16:00
退稅機	退稅服務	2F 1號門口	6:30~19:00
		3F 36登機口	7:00~20:00
網路‧WIFI服務			
LG U+	手機、WIFI機、SIM卡租借服務	1F 1號出口	6:30~23:00
KT	手機、WIFI機、SIM卡租借服務	1F 1號出口	6:30~23:00
SK電信(SK telecom)	手機、WIFI機、SIM卡租借服務	1F 1號出口	6:30~23:00
其他服務			
梨花醫學中心	醫院	4F 東側	9:00~18:00(急診)，9:00~17:00(一般)
SES(Smart Entry Service) 服務櫃台	申請自動通關資格	2F (Immigration Affairs Center)	週一~五9:00~18:00
藥局		3F	7:00~18:30
餐飲服務	美食街、麵包店、咖啡廳	3~4F	經營時間各異，約6:00~21:00
LOTTE DUTY FREE	百貨公司	3F 36號登機門	6:30~20:30
LOTTE MALL (含超市、電影院)	百貨公司	金浦機場地鐵站3號出口	

1F

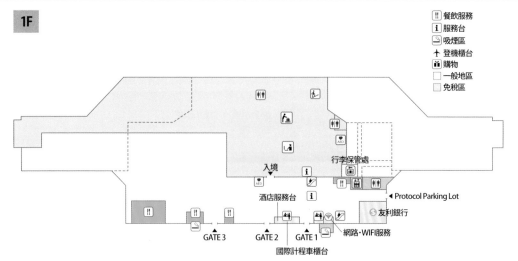

餐飲服務
服務台
吸煙區
登機櫃台
購物
一般地區
免稅區

入境
行李保管處
酒店服務台
網路·WIFI服務
友利銀行
◀ Protocol Parking Lot
GATE 3　GATE 2　GATE 1
國際計程車櫃台

2F

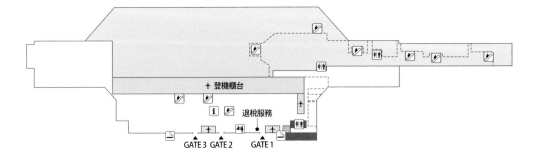

登機櫃台

退稅服務

GATE 3　GATE 2　GATE 1

3F

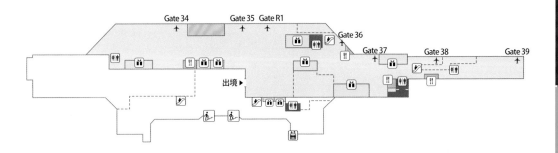

Gate 34　　Gate 35　Gate R1　　　　Gate 36

Gate 37　　　Gate 38　　　　Gate 39

出境 ▶

4F

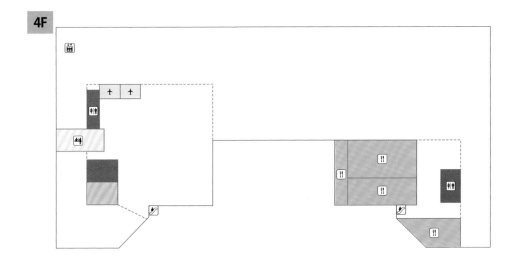

認識首爾

行前準備

機場介紹

當地交通

主題旅遊

常見問題

交通篇

身為第一大城市的首爾，是韓國發展科技、經濟、文化的中心，通往外部區域的交通更是四通八達，本篇從機場進入市區的交通說起，進入市區後該怎麼使用地鐵遊遍首爾各區塊，或是進階旅遊玩法,利用火車及巴士系統將腳步踏往郊外，一手掌握首爾交通資訊。

文／墨刻編輯部
攝影／墨刻攝影組

機場前往首爾市區

從仁川、金浦機場，都有不同的交通方式可以進入首爾市區。順利出關（請參考P.74）後，真正緊張的時刻終於到來。從機場怎麼到飯店？應該買什麼票會比較划算？在陌生的地方該怎麼找路？以下是由仁川機場或金浦機場出發的交通工具全剖析。

機場進市區 交通方式

從仁川機場邁向首爾市區，有3大主要交通管道：機場鐵道A'REX、機場巴士，以及計程車。3種方式各有優劣點，可納入選擇時的考量。

機場鐵道A'REX

速度最快，1小時內抵達首爾站，如投宿地點在附近就再方便不過；如不在附近則需轉乘地鐵或巴士，這期間要忍受的是帶著行李上下電梯、車廂，有些地鐵站甚至無設手扶梯，需自己搬行李會較辛苦。

機場巴士

前往首爾市區的路線眾多，一些知名的飯店附近幾乎有停靠，如果投宿的地點也在停靠站附近，那就非常理想。如無遇上塞車，約1小時可抵達市區。

計程車

前往市區最舒服的方式，直接送到目的地，當然價格也是最昂貴；如是多人同行可考慮此方案，一起分攤車費。

交通選擇指標

	機場鐵道A'REX	機場巴士	計程車
行李又多又重	✕	○	○
只要便宜就好	○	△	✕
只要輕鬆就好	△	△	○
沒時間，要快點	○	△	△

○=適合 △=還可以 ✕=不適合

金浦機場 乘車位置

　　金浦機場分為「國內線」及「國際線」，地面上分為4個樓層。

　　國際線一樓屬於抵達大廳，二樓屬於出發大廳。一、二樓門口有分別通往不同首爾市區、仁川、京畿道、忠清道、全羅道、江原道及慶尚道的機場巴士；門口也有計程車招呼站。地下樓層則銜接地鐵和機場快線。

仁川機場 乘車位置

第一航廈

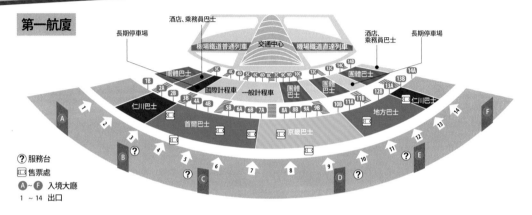

長期停車場・酒店、乘務員巴士・交通中心・酒店、乘務員巴士・長期停車場・機場鐵道普通列車・機場鐵道直達列車

團體巴士　團體巴士

國際計程車　一般計程車　團體巴士　團體巴士　地方巴士

仁川巴士　首爾巴士　京畿巴士　仁川巴士

? 服務台
🎫 售票處
Ⓐ~Ⓕ 入境大廳
1 ~ 14 出口

第二航廈

? 服務台
🎫 售票處
Ⓐ~Ⓑ 入境大廳
1 ~ 6 出口

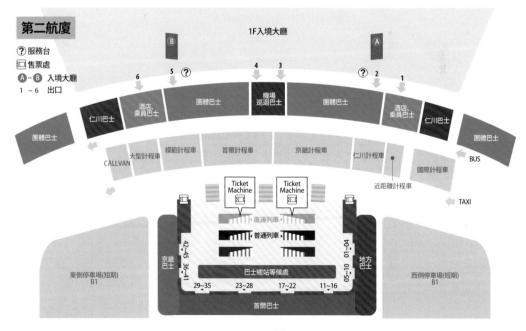

1F入境大廳

團體巴士　仁川巴士　酒店、乘員巴士　團體巴士　機場巡迴巴士　團體巴士　酒店、乘員巴士　仁川巴士　團體巴士

CALLVAN　大型計程車　模範計程車　首爾計程車　京畿計程車　仁川計程車　BUS

國際計程車　近距離計程車　TAXI

Ticket Machine　Ticket Machine

直達列車　普通列車

東側停車場(短期) B1　京畿巴士　巴士總站等候處　地方巴士　西側停車場(短期) B1

42~45　36~41　29~35　23~28　17~22　11~16　05~10　01~04

首爾巴士

B1交通中心

認識首爾

行前準備

機場介紹

當地交通

主題旅遊

常見問題

仁川機場←→首爾市區

從仁川機場進入首爾市區，無論是搭機場鐵道、巴士或計程車都非常方便及簡單，機場有詳盡的韓、英、中文的標示，來到韓國最怕的語言問題也解決了，選一個最適合自己的管道，朝首爾市區出發吧！

機場鐵道A'REX
공항철도

機場線火車〈A'REX〉為聯繫仁川機場到首爾市區的火車。早在2007年的3月，從仁川機場至金浦機場這一段早已通車，而金浦機場到首爾站這一段，也於2010年年底前完成，成為仁川機場與首爾市區之間最方便、快捷的交通管道。第一航廈出發直達車最快抵達時間為43分，

機場鐵道
A'REX

第二航廈出發直達車最快抵達時間為51分，班次間隔40分~1小時，終點站為首爾站。

Step 1

循著機場指標，找到位於地下1樓的入口。

Step 2

可向**Travel Center**售票人員購票，也可以利用自動售票機。售票機有中文操作介面，所以基本上不會有困難。

Step 3

入口分為兩邊，橘色的直達列車和藍色的普通列車搭車入口處。

Step 4

感應驗票，入內搭乘。如果有T-Money，可以直接感應進入，但是請勿搭乘有對號入座的直達列車。

售票地點

	第二航廈	第一航廈	首爾站
地點	第二航廈B1F交通中心	第一航廈B1F交通中心	車站B2F直達列車旅客服務台

直達列車（직통열차）票價及時間表

◎直達列車(第一、二航廈 首爾站)票價：成人₩11,000，兒童₩8,000

機場鐵A'REX
發車時刻表

第二航廈站	第一航廈站	首爾站到達時間	首爾站出發時間	第一航廈站	第二航廈站
5:15	5:23	6:07	6:10	6:53	7:01
5:50	5:58	6:41	6:50	7:33	7:41
6:30	6:38	7:21	7:30	8:13	8:21
7:20	7:28	8:11	8:05	8:48	8:56
8:00	8:08	8:51	8:50	9:33	9:41
8:40	8:48	9:31	9:30	10:13	10:21
9:20	9:28	10:13	10:10	10:53	11:01
10:00	10:8	10:51	10:50	11:33	11:41
10:40	10:48	11:31	11:30	12:13	12:21
11:20	11:28	12:11	12:10	12:53	13:01
12:00	12:8	12:51	12:50	13:33	13:41
12:40	12:48	13:31	13:30	14:13	14:21
13:20	13:28	14:11	14:10	14:53	15:01
14:00	14:08	14:51	14:50	15:33	15:41
14:40	14:48	15:31	15:30	16:13	16:21
15:20	15:28	16:11	16:10	16:53	17:01
16:00	16:08	16:51	16:50	17:33	17:41
16:40	16:48	17:31	17:30	18:13	18:21
17:20	17:28	18:11	18:10	18:53	19:01
18:00	18:08	18:51	18:50	19:33	19:41
18:40	18:48	19:33	19:30	20:13	20:21
19:20	19:28	20:11	20:10	20:53	21:01
20:00	20:8	20:51	20:50	21:33	21:41
20:40	20:48	21:31	21:30	22:13	22:21
21:40	21:48	22:31	22:10	22:53	23:01
22:40	22:48	23:31	22:50	23:33	23:41

認識首爾

行前準備

機場介紹

當地交通

主題旅遊

常見問題

普通列車（一般열차）時間表

◎第一航廈↔首爾站：全程59分鐘
◎第二航廈↔首爾站：全程66分鐘
◎列車班次間隔10~15分

發車站	第二航廈	第一航廈	首爾站
首班車	5:18	5:25	5:20
末班車	23:32	23:39	23:40

直達與非直達有別

機場快線分直達列車（직통열차）與普通列車（일반열차）兩種，直達列車中途不停站，車程約43分鐘，非直達的普通列車中途會停靠數站，票價按距離長短計費，抵達首爾站約1小時。用**T-Money**(介紹見**P.114**)付費可搭乘普通列車，直達列車須另外購票。直達和一般列車搭乘處都在航站樓的地下1樓，分為左右兩邊。

一般列車時長、票價

站名	所需時間(分鐘)		費用(韓元)	
	T2出發	T1出發	T2出發	T1出發
仁川機場2號航站樓站	—	—		
仁川機場1號航站樓站	6	—	1,050	—
金浦國際機場站	44	37	4,650	4,050
數碼媒體城站(DMC)	55	48	4,850	4,250
弘大入口站	59	52	4,950	4,350
孔德站	62	55	4,950	4,350
首爾站	67	60	5,050	4,450

※表格顯示的時長及票價均以仁川機場T1航站樓及T2航站樓為出發站所計算。
※費用以交通卡為基準，使用現金購買一次性交通卡時路程費用多加100韓元。

機場鐵道A'REX路線圖

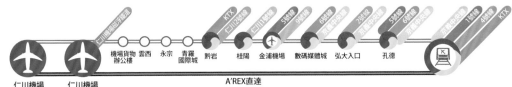

認識首爾

行前準備

機場介紹

當地交通

主題旅遊

常見問題

機場巴士
버스

儘管速度不是最快、價格也不是最便宜，但是因為搭車處就在機場正門口、路線選擇眾多、班次密集、不必拖著行李多次上下等優點，機場巴士是許多旅客前進首爾市區最常利用的交通工具。

機場巴士分成長途的高速巴士和前往仁川地區的市內巴士；而高速巴士又有一般巴士與豪華巴士兩種。如果都是前往首爾市區，票價會依距離長短而略有不同。

哪裏買

機場巴士如何購票

售票亭人工售票

入境大廳內外都有售票亭，亭子上方有看板，明列路線、搭乘月台、票價等資訊。如果不很清楚自己應該搭哪一班車，不妨向售票人員諮詢，由於機場迎接眾多國際觀光客，售票員基本上都具備英語溝通能力。

地點	售票處
第一航廈	1F 入境大廳4、9號出口旁
	1F 外部4、6、7、8、11、13號出口旁、9C
第二航廈	B1F 交通中心客運站

上車向司機購票

如果你已經事先知道自己該搭哪一條路線，直接上車向司機購票即可。巴士司機不一定通曉英語，但是向他們買車票不成問題。

T-Money直接感應

如果你已經事先知道自己該搭哪一條路線，而且已經擁有T-Money，可以直接上車，感應扣款即可。由於T-Money會根據你所搭乘的距離判斷車資，下車時記得再感應一次，以正確扣款。(T-Money介紹請見P.114)

站牌

如何尋找機場巴士

入境大廳的外側，有十幾個巴士站牌一字排開，站牌上會有大大的數字與英文字的結合，下面又是4位數字。上列的數字是機場的出口號碼，右側的英文字「A」代表左側、「B」代表右側；比較重要的是4位數字，代表巴士行駛路線。

機場巴士路線及票價

仁川機場前往首爾市區的機場巴士共有33條路線，以下列出旅客常使用到的巴士路線。

巴士路線	往仁川機場		往市區		乘車位置		費用	班次間隔
	首班車	末班車	首班車	末班車	第一航廈	第二航廈		
6001(東大門時尚購物城) 往明洞、梨泰院、仁寺洞方向	04:38	19:58	T1 05:35 T2 05:15	T1 23:30 T2 23:10	1F 5號月台	B1F 29號月台	₩17,000	約10-30分鐘一班
6002(清涼里站) 往東大門、弘大、梨大、仁寺洞方向	04:10	20:30	T1 05:35 T2 05:15	T1 23:30 T2 23:10	1F 5號月台	B1F 30號月台	₩17,000	約10-30分鐘一班
6006(COEX/蠶室) 往狎鷗亭站、三成站、蠶室站方向	04:00	20:30	T1 06:20 T2 06:00	T1 23:10 T2 22:50	1F 4號月台	B1F 14號月台	₩17,000	約30分-1小時一班
6009(大峙洞) 往新沙站、江南站方向	03:55	20:10	T1 05:40 T2 05:20	T1 23:12 T2 22:52	1F 4號月台	B1F 15號月台	₩17,000	約10-30分鐘一班
6011(酒店) 往延世大學、景福宮站方向	04:12	20:12	T1 05:45 T2 05:25	T1 23:15 T2 22:55	1F 5號月台	B1F 31號月台	₩17,000	約30分鐘一班
6015(麻浦/明洞) 往孔德站、忠正路站、明洞站方向	04:20	19:40	T1 05:50 T2 05:30	T1 23:00 T2 22:40	1F 5號月台	B1F 28號月台	₩17,000	約10分鐘一班
6020(德黑蘭路) 往江南站、驛三站方向	04:00	20:10	T1 06:15 T2 05:55	T1 22:58 T2 22:38	1F 4號月台	B1F 16號月台	₩17,000	約1小時一班

註：T1→仁川機場第一航廈；T2→仁川機場第二航廈

機場深夜巴士（심야버스）

一般機場巴士大多運行至晚上11點，這時可以選擇搭乘深夜巴士，費用與一般機場巴士一樣，但營運時間從凌晨1點開始至凌晨4點，如是搭乘紅眼班機到首爾也是一個進入市區的選擇。

深夜巴士票價及乘車位置
仁川機場出發

出發地點	巴士路線	目的地	票價	乘車位置
第一航廈	N6001	首爾站	成人₩10,000 兒童₩8,000	1F 6A號月台
	N6000	江南客運站		
	KAL巴士	首爾站	成人₩18,000	1F 3E、 4A號月台
	KAL巴士	蠶室站	兒童₩12,000	
第二航廈	N6002	首爾站	成人₩10,000 兒童₩8,000	B1F 24號月台

首爾市區出發

出發地點	巴士路線	目的地	票價	乘車位置
首爾站	N6001	第一航廈	N6001/N6000 成人₩10,000、 兒童₩8,000 N6701/N6703 成人₩18,000、 兒童₩12,000	首爾站： 首爾站換乘中心3號線 江南客運站： 新世界百貨公司對面
江南客運站	N6000			
首爾站 江南客運站	N6002	第二航廈		

深夜巴士發車時間表
仁川機場出發

出發地	目的地	出發	到達
第一航廈	首爾站(N6001)	00:15	1:25
		1:05	2:15
		2:00	3:10
		2:55	4:05
		3:45	4:55
		4:40	
	江南客運站(N6000)	23:50	1:00
		00:40	1:50
		1:30	2:40
		2:30	3:40
		3:20	4:30
		4:10	
	首爾站、蠶室站(KAL巴士)	23:40	
第二航廈	首爾站	1:20	2:30
		4:40	
	首爾站、蠶室站(KAL巴士)	23:50	
	首爾站、蠶室站(KAL巴士)	1:30	

首爾市區出發

出發地	目的地	出發	到達
首爾站(N6001)	第一航廈	22:55	00:05
		23:45	00:55
		00:40	1:50
		1:35	2:45
		2:25	
		3:20	
江南客運站(N6000)		22:30	23:40
		23:20	00:30
		00:10	1:20
		1:10	2:20
		2:00	
		2:50	
首爾站(N6002)	第二航廈	3:00	4:30
江南客運站(N6002)		23:40	00:10

仁川機場巴士查詢路線

市外巴士

高速巴士

認識首爾

行前準備

機場介紹

當地交通

主題旅遊

常見問題

新手看這裡

機場巴士相關韓文

機場巴士的司機大叔大多不會說英文，建議可以將目的地寫在便條紙上，直接拿給司機或是行李搬運人員看。

如果＿＿＿到的話，麻煩請跟我說，謝謝。

＿＿＿에 도착하면 알려 주세요. 감사합니다.

＿＿＿e do-chak-kha-myeon al-lyeo ju-se-yo. gam-sa-hap-ni-da.

首爾站	弘大
서울역	**홍대**
seoul-lyeok	hong-dae
明洞	新村
명동	**신촌**
myeong-dong	sin-chon
東大門	梨大
동대문	**이대**
dong-dae-mun	i-dae
仁寺洞	江南
인사동	**강남**
in-sa-dong	kang-nam
北村	狎鷗亭
북촌	**압구정**
buk-chon	ap-gu-jeong
三清洞	
삼청동	
sam-cheong-dong	

T1機場深夜豪華巴士路線圖

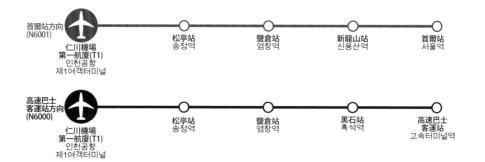

首爾站方向
(N6001)

仁川機場
第一航廈(T1)
인천공항
제1여객터미널

松亭站
송정역

鹽倉站
염창역

新龍山站
신용산역

首爾站
서울역

高速巴士
客運站方向
(N6000)

仁川機場
第一航廈(T1)
인천공항
제1여객터미널

松亭站
송정역

鹽倉站
염창역

黑石站
흑석역

高速巴士
客運站
고속터미널역

T2機場深夜豪華巴士路線圖

首爾站方向

仁川機場
第二航廈(T2)
인천공항
제2여객터미널

松亭站
송정역

鹽倉站
염창역

首爾站
서울역

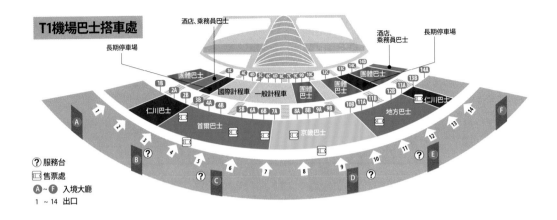

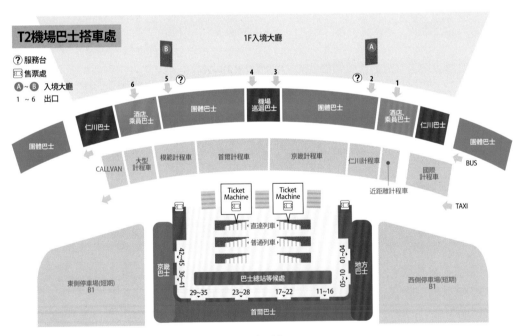

認識首爾
行前準備
機場介紹
當地交通
主題旅遊
常見問題

新手看這裡

搭乘計程車相關韓文

如不諳韓文建議行前可將住宿地的「韓文地址」抄下，搭車時直接拿給司機看；抵達住宿地時也別忘了拿張「名片」備用。

請帶我到___。
___(으)로 가 주세요.
___ e-u-ro ga ju-se-yo.
請讓我在這裡下車。
여기 내려 주세요.
yeo-gi nae-ryeo ju-se-yo.
請給我收據。
영수증 주세요.
yeoung-su-jeung ju-se-yo.
辛苦了。
수고하세요.
su-go-ha-se-yo.
謝謝。
감사합니다.
Gam-sa-hap-ni-da.

計程車
택시

台灣的計程車統一為黃色，但是韓國的計程車不是黃色的，而是有銀色、白色、橘紅色等一般計程車，黑色的模範計程車、9人座的大型計程車，及服務外國人的國際計程車等4大類，計費方式各有不同；車資付費方式用現金、信用卡和T-Money皆可。

機場叫車服務

計程車
🚩第一航廈1F 入境大廳4~5號出口間(23號櫃台)、第二航廈1F 入境大廳A出口旁櫃台 ⏰24小時

CALL VAN
🚩第一航廈1F 13號出口旁 ⏰8:00~21:00

費用及乘車地點

區分	基本費用	乘車位置		備註
		第一航廈	第二航廈	
一般計程車 (일반택시)	首爾₩4,800	5C、6C、6D	5C	深夜時段22:00-04:00，加收20%車資。但23:00-02:00熱門時段，會加收40%車資。
	京畿地區₩3,800		4D	
	仁川₩3,800		3C、3D	
模範計程車／9人座大型計程車 (모범택시/대형택시)	3km以內首爾的基本車資為₩7,000，超過後每151m加收₩200	7C、8C	5D	深夜時段22:00-04:00，加收20%車資。 機場與首爾市郊移動時，則加收20%的里程計費制。 兩者相加，最多可能加收60%的費用。
國際計程車 (인터내셔널택시)	首爾地區適用區間收費制	4C	1C	車資較高，採預約制度，司機通常會英、中、日其一。 機場與首爾市郊移動時，則加收20%的里程計費制。
CALL VAN (콜밴)	首爾地區適用區間收費制	10C	6D	車資較高，視路途距離及行李大小、重量與司機議價。

註：車資皆需另收高速公路過路費₩8,000。

仁川機場←→首爾市區車資

國際計程車

國際計程車在仁川機場與首爾之間，往返都有分區定額車費制度，不必再加收高速公路過路費，途中即使發生交通阻塞，也適用定額價格。一般、模範及大型計程車大約車資可參考如下：

地點/車行	一般	大型計程車(대형택시)	模範計程車(모범택시)
金浦機場	₩39,000	₩51,000	₩82,000
弘大入口	₩48,000	₩62,000	₩102,000
新村站	₩49,000	₩64,000	₩105,000
景福宮	₩53,000	₩70,000	₩116,000
首爾市廳	₩54,000	₩71,000	₩117,000
江南站	₩58,000	₩74,000	₩123,000

仁川國際機場高速公路的通行費(7,900韓元)會追加到跳表機上的金額。

金浦機場←→首爾市區

與台北松山對飛的金浦機場位於首爾市內，也是首爾市連接韓國其他城市機場最快速的交通方式，內部動線很單純，自國際線入境後依循著中文標示即可抵達前往首爾市區的交通工具：地鐵5及9號線、機場鐵道及機場巴士。

金浦機場各項交通資訊

機場鐵道A'REX

機場鐵道A'REX自仁川機場發車，行經金浦機場，終點站為首爾站，是金浦機場前往首爾市區最便利的交通方式之一，通行的列車為普通列車，約花23分鐘即能抵達首爾站。（路線圖及票價詳見P.90）

哪裏買 依循機場內指標走至B1F樓層，即可看見售票窗口及售票機。

金浦機場←→首爾站時間表
◎乘車全程23分鐘
◎列車班次間隔10~15分

發車站	金浦機場	首爾站
首班車	5:43	5:20
末班車	00:16	00:00

地鐵5、9號線

除了機場鐵道，金浦機場也能直接轉乘首爾地鐵5、9號線前往市區，往江北方向（忠正路站、鐘路3街站、東大門）可以轉搭5號線，如欲轉往弘大入口站或首爾站可在孔德站轉乘；往江南方向（汝矣島站、高速巴士客運站）可轉乘9號線，在高速巴士客運站可轉搭3號線往新沙洞，在綜合運動場站可轉搭環狀2號線。

地鐵時間表

往首爾市區	5號線	9號線
首班車	05:34	05:30
末班車	00:55(末班車到傍花站)	00:47(末班車到加陽站)

多少錢 乘車券₩1,500
T-money ₩1,400

要注意 1.使用完一次用乘車券，出站後可使用押金退款機取回保證金₩500。
2.T-Money介紹詳見P.114。

機場巴士
버스

從金浦機場前往市區有機場巴士及市區巴士的選擇；機場巴士的服務從1樓入境大廳出來後即可看到多條不同路線的巴士，分別有通往首爾市內、仁川、京畿地區，位在2樓出口也有往京畿、忠清、全羅、江原及慶尚地區的市外巴士。

哪裏買 金浦機場1F入境大廳售票處購買前往各目的地的機場巴士乘車券或車上購票，亦可以上車後用T-Money直接感應。

金浦機場巴士搭車處

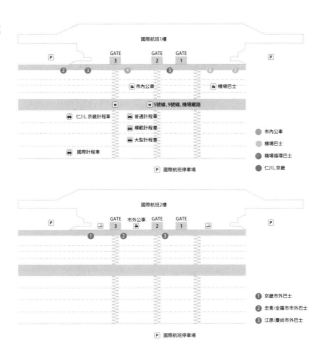

路線及票價

機場巴士

乘車位置：1F 6號月台
機場巴士：現金、T-Money₩7,500

巴士路線	發車時間			
6000 (往江南、蠶室站方向)	5:32	8:52	14:02	19:42
	6:02	9:32	14:52	20:32
	6:22	10:12	15:42	21:22
	6:42	10:52	16:27	22:12
	7:02	11:42	17:12	23:02
	7:37	12:27	18:02	
	8:12	13:12	18:52	

巴士路線	發車時間			
6021 (往明洞、梨大方向)	5:02	11:12	15:07	19:12
	6:07	11:41	15:37	19:52
	7:12	12:17	16:17	20:42
	8:02	12:52	16:52	21:32
	8:52	13:22	17:27	22:22
	9:42	13:52	17:57	23:12
	10:32	14:32	18:37	

市區公車

乘車位置：1F 4號月台
票價：現金₩1,500，T-Money₩1,400

巴士路線	首班車	末班車	班次間隔
601(往景福宮、鐘路5街方向)	4:00	23:10	8~15分
605(往永登浦站、首爾站方向)	5:15	22:50	8~15分

計程車
택시

金浦機場計程車與仁川機場一樣分有一般、模範、大型及國際計程車，從1F入大廳出去後往6與8號出口有TAXI STOP指示方向即能找到搭車處。國際計程車諮詢櫃台則位在1F 入境大廳1、2號門之間。車種及收費方式詳見P.95。

金浦機場←→首爾市區車資

車別／區段	一般	大型	模範
首爾市廳	₩27,000	₩42,000	₩82,000
弘大	₩21,000	₩32,000	₩62,000
明洞	₩28,000	₩43,000	₩85,000
三清洞	₩27,000	₩42,000	₩82,000
江南站	₩30,000	₩46,000	₩90,000
東大門	₩32,000	₩48,000	₩96,000
蠶室站	₩39,000	₩61,000	₩121,000

首爾
鐵路系統

遊玩首爾市區最方便的交通工具無疑是「地鐵」，除了首都圈內運載量最多的1到9號線，另外還有盆唐線、仁川地鐵，近期完工的輕軌線路等，零零總總加起來超過20條；市區玩膩了想踏往近郊，也可以利用韓國高鐵KTX串連交通，玩得更深入、多元！

首爾地鐵
Seoul Metro

　　首爾的地下鐵系統發展得很早，而地鐵網路也遍布首爾都會圈裡的每個角落，幾乎各大觀光景點都從地鐵站就走得到。首都圈地鐵以1至9號線為主，並輔以盆唐線、新盆唐線、機場鐵路、仁川地鐵等延伸至京畿地區。現在透過網路，都可以在官網上找到車班、票價及車站詳細資訊。

首爾地鐵

首爾地鐵簡圖

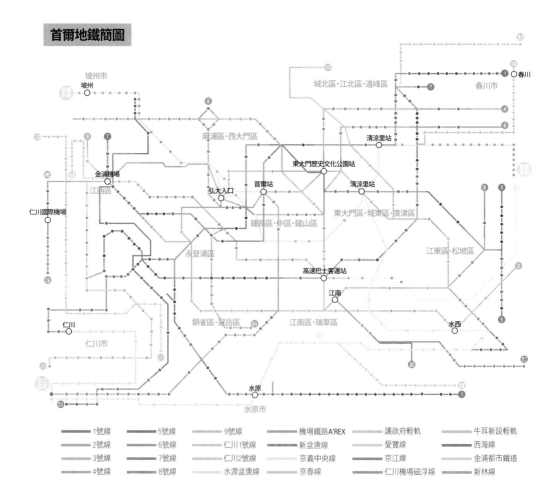

1號線	5號線	9號線	機場鐵路A'REX	議政府輕軌	牛耳新設輕軌
2號線	6號線	仁川1號線	新盆唐線	愛寶線	西海線
3號線	7號線	仁川2號線	京義中央線	京江線	金浦都市鐵道
4號線	8號線	水源盆唐線	京春線	仁川機場磁浮線	新林線

韓國鐵道
KORAIL

由韓國鐵道公社營運的鐵路系統相當發達，班次密集，準點、舒適又快捷，是前往各區域大城鎮頗實用的交通工具。韓國鐵路系統以首爾為軸心，向四面八方放射出去，包括京釜線、中央京義線、湖南線、全羅線、京春線等，再由這些主軸的要點分枝延伸，或互相連接。

韓國的火車分為一般鐵道和高速鐵道。一般鐵道又分為通勤列車Nooriro（누리로）、快車無窮花號〈무궁화호〉、特快車ITX新村〈ITX-새마을〉、ITX青春（ITX-청춘）；高速鐵道KTX〈Korea Train eXpress〉則是2004年4月營運，在2016年12月也開通位在江南地區的SRT列車。

韓國鐵道官網（英文）

KTX地域路線圖

京釜高速線경부고속선
湖南高速線호남고속선
水西平澤高速線수서평택고속선(SRT)
京義線경의선
慶全線경전선
京江線경강선

京釜線경부선
湖南線호남선
水仁線수인선
全羅線전라선
仁川國際機場鐵道인천국제공항철도
東海線동해선

認識首爾

行前準備

機場介紹

當地交通

主題旅遊

常見問題

搭車
基本原則

第一次自己在首爾搭地鐵？不用緊張，在詳細解說之前，先看看以下事項，把握這些基本概念，就可以省下不少搭錯車、來回找路的麻煩。

確認車站

每個地鐵站，都會以韓、英、中文清楚標示出站名，站名上方都會有一個圓圈圈，圈內寫著3位數字，這數字就是這個地鐵站的代號，而圓圈圈的顏色，會與地鐵線在地圖上看到的顏色一致。

以「202」乙支路入口站為例，第一個數字「2」表示這是2號線，後面兩個數字「02」則是它在2號線上的編號；因為2號線一律以綠色顯示，所以圓圈圈是綠色。

如果某個地鐵站的標識上有2個包含3位數字的圓圈相連，則表示這個站有兩條地鐵線交會，圓圈裡面的數字都是同一個地鐵站的代號；如果有3個圓圈相連，表示它有3條地鐵線，以此類推。

知道自己要去哪裡

如果明確知道自己要前往哪個站，問題就已經先解決了一半了。走到自動售票機前，看看有什麼顏色的路線可以連過去吧。

隨處都有地圖和指引

出站後先找地圖或是注意指標，確定目標方向和最大的地標位置後，就可以降低迷路的可能。

確定價錢後購票

不論是轉乘或搭乘相同路線前往，自動售票機上的價錢標示圖都會告訴你需要多少錢。可在自動售票機購票，或使用交通卡（T-Money或CASHBEE）直接進站。

確認搭乘方向

確認路線後的下一步就是確認月台方向。同路線上大站的方向和車站編號可以幫助你確定搭乘方向對不對，如果無法確定的話，月台上也一定會有下一停靠站和全路線圖可以參考。

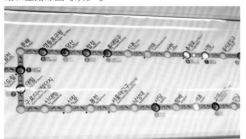

上車時注意腳步

韓國的「快快文化」（빨리빨리）已深入在日常生活，路上行人除了走路很快，就連搭地鐵時也要快、快！可以發現車抵達後開門韓國人便會加快腳步上車（但不會爭先恐後），原因是地鐵車門很快就會關上，如果是一行人出遊可別擠在同一道門上車，小心會被關在門外哦。

轉乘資訊哪裡找？

除了利用官網查詢，或直接到各旅遊資訊中心拿取一分紙本地圖外，下載相關實用APP，有中、英文使用介面，也能直接幫你排轉乘路線。

 Subway Korea-實時地鐵線路信息/Android

Subway Korea-實時地鐵線路信息/iOS

轉乘注意指標

比起複雜的東京鐵路，首爾鐵路大多站內轉乘。在地鐵站不同路線轉換的地段裡，下車後牆壁上都會出現彩色條狀的指示標，上面的顏色就是地鐵線的顏色，也會清楚說明地鐵線的編號和所前往的方向。

遵循中文指標的方向，就可以找到你所要搭乘地鐵線的正確月台。

首爾市區交通

進入首爾市區最常利用的交通工具即是「地鐵」，除了常用的1至9號線，像是盆唐線、中央京義線等非數字編號的路線，韓國將它們整合成線路相通、站與站都能方便轉乘，以下將剖析主要路線以及交通卡（T-Money、CASHBEE），初次遊首爾就上手！

主要鐵路 介紹

（ 首爾地鐵 ） 詳見P.104

首爾的地鐵從早上5:30左右就開始運行，一直到半夜24:00左右才收班，班次頻繁，約2到3分鐘就有一班車，十分方便。

除了幾乎隨時都有車坐的便利性之外，現在首爾地鐵都會在站名標上漢字，而各大轉運車站也會有韓、日、中、英四種語言的廣播，完全不用害怕語言不通的問題。所以只要把地鐵的路線、搭乘方法、購票步驟等搞懂之後，地鐵絕對是外國觀光客遊覽首爾的最佳交通手段。

（ 韓國鐵道 ） 詳見P.109

首爾除了地鐵系統，也可利用火車做跨區的交通串連。韓國鐵道公社為韓國國營鐵道公司，自1963年營運至今開發多條路線，負責路線除了與首爾地鐵連接的一般鐵道系統1、3、4號、京義‧中央線、京春線、京江線、盆唐線、水仁線等，還有高速鐵道系統ITX、KTX及SRT列車。

車票 基本介紹

認識首爾

行前準備

機場介紹

當地交通

主題旅遊

常見問題

新手看這裡

不知道要買什麼票的話，就先買T-Money吧！

T-Money只是儲值卡並不能省到錢，但絕對可以幫你省下不少力氣。因為有了這張卡，幾乎就不用擔心車資的問題，只要嗶～進站，再嗶～出站即可。無論是搭乘各大交通工具，在便利商店或是使用自動販賣機、置物櫃，只要一卡在手便能輕鬆結帳。

一般車票

車站裡都有自動售票機和可以購票的窗口，可以直接購票進站。（詳見P.112）

交通卡

是指由韓國智慧卡公司推出的「T-Money」，及樂天集團推出的「CASHBEE」，類似捷運IC票卡以儲值扣款方式使用，只有手有一卡便可輕鬆轉乘各線路地鐵。T-Money與CASHBEE除圖案不同，功能及使用範圍幾乎一致。（詳見P.114）

WOWPASS

WOWPASS 對於外國旅客十分方便，有著Tmoney與現金卡的功能，還可以便利換匯，旅客可以直接透過無人貨幣兌換機，即時將外幣現金兌換為韓幣並充值入卡內，能在各大地鐵站購得。

www.wowpass.io/?lang=zh_TW

優惠票券

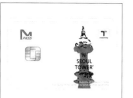

針對觀光客推出進化型T-Money—MPASS交通卡、韓國旅遊卡KOREA TOUR CARD、Amazing Pay T-Money交通卡及首爾轉轉卡Discover Seoul Pass，更附有一些知名景點、特約商店的優惠折扣。

KORAIL通票 （KORAIL PASS）

由韓國鐵道公社所發行的KORAIL通票，是外國人專用的鐵路通票，可以搭乘KORAIL營運的列車暢遊韓國各城市。需注意此通票不能使用於SRT、地鐵及臨時觀光列車。（詳見P.122）

首爾地鐵

隨著觀光事業愈來愈發達，首爾對遊客愈來愈體貼，地鐵站除了以顏色做區分，原有的韓文地名也有英、日、中文加以輔助，對韓文一竅不通的人也能輕鬆自助行。首爾地圖路線中載運量最大的就是綠色環狀2號線。

首爾地鐵

1號線
1 호선

重要車站：首爾站、市廳、鍾路3街、東大門、清涼里、仁川、永登浦、龍山、道峰山、逍遙山

起—終站：漣川(연천)-仁川(인천)；漣川(연천)-新昌(신창)

地鐵1號線是首爾第一條地鐵線，從1971年開始興建，是市中心聯繫近郊城市的路線，西通仁川、南達水原等京畿道城市，北通往道峰山等山城。

2號線
2 호선

重要車站：市廳、梨大、新村、弘大入口、蠶室、往十里、東大門歷史文化公園、乙支路3街、江南

起—終站：市廳(시청)—市廳(시청)；聖水(성수)—新設洞(신설동)；新道林(신도림)—喜鵲山(까치산)

地鐵2號線是首爾第二條開通的地鐵路線，主要是一條環狀的巡迴路線，外加聖水及新亭兩條支線。主線分順時針和逆時針兩個方向，行經東大門、弘大入口、江南等熱門景點。

3號線
3 호선

重要車站：水西、高速巴士客運站、新沙、狎鷗亭、忠武路、鍾路3街、安國、景福宮

起—終站：大化(대화)—梧琴(오금)

地鐵3號線於1980年動工，全線連接首爾西北方的高陽市與首爾東南方的松坡區，市區經過景福宮、安國、鍾路3街等要站，以及江南的狎鷗亭、高速巴士客運站等地，南來北往乘客流量相當大。

4號線
4 호선

重要車站：首爾站、明洞、惠化、東大門、東大門歷史文化公園、忠武路

起—終站：堂嶺(당고개)—烏耳島(오이도)

地鐵4號線建於1980至1994年間，1985年上溪至舍堂段最早的24個站開始通車。這條線聯繫首爾東北方的南揚州市，以及首爾西南方的安山市、始興市等，且經過東大門、明洞等觀光要站，對遊客而言是非常好用的地鐵線。

認識首爾

行前準備

機場介紹

當地交通

主題旅遊

常見問題

5號線
5 호선

重要車站：金浦機場、汝矣島、孔德、鍾路3街、東大門歷史文化公園、往十里

起－終站：傍花（방화）－上一洞（상일동）；傍花（방화）－馬川（마천）

地鐵5號線是由都市鐵道公社所修築的一條東、西方向的地鐵路線，東起首爾江東區的上一洞與松坡區的馬川1洞，西至首爾江西區傍花洞的金浦機場一帶，市中心經過鍾路3街、光化門、汝矣島等要站，是聯繫首爾市中心和漢江東側的重要路線。

6號線
6 호선

重要車站：數碼媒體城、合井、孔德、梨泰院、藥水、東廟前

起－終站：鷹巖（응암）－烽火山（봉화산）

地鐵6號線呈U字型穿越首爾，最初的烽火山站到上月谷站這4公里路段於2000年8月開通，同年年底其他路段也陸續營運。此路線主要運行在江北地區，在鷹巖站循環一圈後再往峰火山方向行駛。

7號線
7 호선

重要車站：上鳳、建大入口、清潭、江南區廳、高速巴士客運站

起－終站：長巖（장암）－富平區廳（부평구청）

地鐵7號線沒有貫穿市中心，而是直接聯繫江南區與首爾北邊的議政府市，其後延伸至京畿道富川市、仁川富平區，途經清潭洞的高級街區，只有尖峰時段才會出現比較擁擠的人潮。

8號線
8 호선

重要車站：蠶室、可樂市場、福井、牡丹

起－終站：岩寺（암사）－牡丹（모란）

8號線連接江東與京畿道城南市，是目前首爾市內地下鐵最短的一條路線，也是唯一一條沒有進入2號線圈起來的市內區域中的路線。它與2號線相接的蠶室站，有樂天百貨超市和免稅店，是各國旅客離境前的最終紀念品採購地。

9號線
9 호선

重要車站：金浦機場、堂山、汝矣島、鷺梁津、高速巴士客運站、宣靖陵

起－終站：開花（개화）－綜合運動場站（종합운동장）

9號線是從金浦機場前往市區的交通方式之一，主要運行地段為漢江以南，行經轉乘2號線的堂山站，5號線的汝矣島，也可在高速巴士客運站換乘3號線前往景福宮。

水仁盆唐線
수인분당선

重要車站：往十里、首爾林、江南區廳、宣陵、水西、水原市廳、水原

起－終站：仁川（인천）-清涼里（청량리）

　　盆唐線由韓國鐵道公社所營運，啟站為江東地區往十里，水仁盆唐線由盆唐線和水仁線兩條地鐵相連，起點由首爾特別市東大門區的清涼里站經過京畿道水原市，到仁川廣域市中區的仁川站。

新盆唐線
신분당선

重要車站：江南、良才、板橋、美金、光教

起－終站：江南（강남）－光教（광교）

　　新盆唐線由2號線的江南站做為起點，路線行經板橋新都市及城南市，終點站為京畿道的水原市，並有計劃將路線向北延伸至龍山及新沙站。

京義・中央線
경의·중앙선

重要車站：首爾站、新村、上鳳、清涼里、往十里、龍山、孔德、弘大入口

起－終站：汶山（문산）－砥平（지평）；汶山（문산）－首爾（서울역）

　　將原有的京義線及中央線合併為京義・中央線，行經首爾站、上鳳、清涼里等交通大站；需注意此路線的新村站與2號線的新村站的位置不同，搭乘時要多留意。

京春線
경춘선

重要車站：清涼里、回基、上鳳、清平、加平、春川

起－終站：清涼里（청량리）－春川（춘천）；光云大（광운대）－春川（춘천）

　　由清涼里發車前往京畿道春川地區的列車，此路線有分一般列車及高速列車ITX青春號（ITX-청춘）通行，搭乘ITX青春號需另外買票，刷T-Money卡時只能乘坐一般列車。

西海線
서해선

重要車站：金浦機場、始興市廳
起－終站：大谷站（대곡역）-元時站（원시역）
　西海線主要連結京畿道高陽市的大谷站與忠清南道洪城郡洪城邑，經過金浦機場有助於紓緩京釜線軌道以及減輕西海岸高速公路日常的堵塞常態。

金浦都市鐵道
김포도시철도

重要車站：麻谷渡口、仁川國際機場鐵道
起－終站：陽村站（양촌역）-金浦機場站（김포공항역）
　金浦都市鐵道又被稱金浦黃金線，全線長23.67公里，負責首爾特別市與京畿道金浦市的中間交通緩衝，也是金浦國際機場的運輸系統之一。

新林線
신림선

重要車站：首爾教育大學、新道林、永登浦區廳
起－終站：賽江站（샛강역）-冠岳山站（관악산역）
　新林線於2022年5月28日開通營運，將首爾東西為主的1號線、2號線、7號線、9號線貫通相連，可以大幅減少首爾西南部永登浦區與冠岳區通勤的時間。

京江線
경강선

重要車站：板橋、二梅、利川
起－終站：板橋（판교）－驪州（여주）
　從新盆唐線的板橋站做為起始點，行經盆唐線二梅站，最後為驪州站，此條路線皆在京畿地區內，行經城南市、廣州市、利川市及驪州市。

仁川機場鐵道
인천국제공항철도

重要車站：仁川國際機場、金浦機場、數碼媒體城、弘大入口、孔德、首爾站
起－終站：首爾站（서울역）－仁川國際機場2號航站樓（인천공항2터미널）
　機場鐵道是聯繫仁川機場到首爾市區的火車，分直達列車與普通列車兩種，直達列車從仁川機場出發到首爾站中途不停站。欲往金浦機場或弘大入口，需改搭普通列車。（詳見P.88）

認識首爾

行前準備

機場介紹

當地交通

主題旅遊

常見問題

議政府輕軌
의정부 경전철

重要車站：回龍
起－終站：鉢谷（발곡）－塔石（탑석）
　為首都圈第一條輕軌路線，主要行駛於京畿道議政府市，於回龍站能轉乘首爾地鐵1號線。

龍仁輕電鐵
용인 경전철

重要車站：器興、前坕·愛寶樂園
起－終站：器興（기흥）－前坕·愛寶樂園（전대·에버랜드）
　主要行駛於京畿道龍仁市，在與盆唐線交接的器興站為起點，開往愛寶樂園，故此條線也簡稱為「愛寶線」。原為民間營運，爾後因成本無法回收，在2014年併入首爾地鐵收費體系。

仁川1號線
인천1호선

重要車站：桂陽、富平區廳、富平、仁川市廳、源仁齋
起－終站：桂陽（계양）－國際業務園（국제업무지구）
　由仁川交通公社營運的仁川1號線主要行駛於仁川市區，桂陽站與機場鐵道相接外，富平區廳與首爾地鐵7號線連結，富平也能轉乘首爾地鐵1號線。

牛耳新設輕軌
우이신설선

重要車站：誠信女大入口、普門、新設洞
起－終站：北漢山牛耳（북한산우이）－新設洞（신설동）
　為連接首爾江北區北漢山與東大門區的新設洞新建輕軌路線，於2017年9月開始啟用。

仁川2號線
인천2호선

重要車站：仁川市廳、朱安、黔岩
起－終站：黔丹梧柳（검단오류）－雲宴（운연）
　於2016年啟用的仁川2號線，連接仁川市的西區與南洞區，朱安站能連結至首爾地鐵1號線，黔岩站能轉搭機場鐵道。

高速鐵路

除了地鐵系統，鐵路系統也是韓國人常用的交通工具，分為一般列車（Nooriro、窮花號、ITX）與高速鐵道，如果以台灣鐵路來比喻，一般列車就屬於莒光、自強號，高速鐵道就是台灣高鐵了，以下主要介紹多數遊客常用的高速鐵路，搭乘時間最快也最舒適。

KTX
우이신설선

重要車站：首爾站（서울역）－東大邱（동대구）－釜山（부산）

KTX（韓國高速鐵路，Korea Train eXpress）營運自2004年，運行京釜線、京釜高速線、湖南線及湖南高速線；京釜線聯繫首爾、光明、天安牙山、大田、東大邱、密陽和釜山等地；湖南線則聯繫首爾、光明、天安牙山、西大田、益山、松亭、木浦和光州等地。從首爾到釜山，搭乘特快車新村號需要4小時10分，自從高速鐵路開通後到釜山只需2小時40分。（詳見P.122）

韓國鐵道官網（英文）

SRT
수서평택고속선

重要車站：水西（수서）－釜山（부산）；水西（수서）－木浦（목포）

於2016年運行的SRT（水西平澤高速線）是由韓國鐵道公社子公司SR所營運。起駛點為位在江南地域的水西站，開往釜山及木浦兩個方向，行駛速度比KTX更快，到釜山最快約2小時17分，票價也更便宜。

SRT官網（韓文）

韓國鐵路全線路線圖

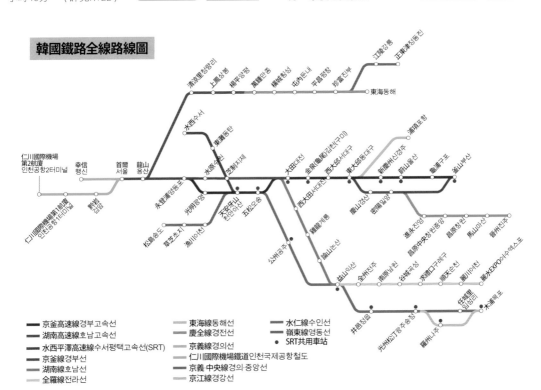

圖例：

- 京釜高速線경부고속선
- 湖南高速線호남고속선
- 水西平澤高速線수서평택고속선(SRT)
- 京釜線경부선
- 湖南線호남선
- 全羅線전라선
- 東海線동해선
- 慶全線경전선
- 京義線경의선
- 仁川國際機場鐵道인천국제공항철도
- 京義·中央線경의·중앙선
- 京江線경강선
- 水仁線수인선
- 嶺東線영동선
- ● SRT共用車站

交通實戰

前面說了這麼多交通要點，再加上像圖案一樣的韓文字，相信沒有去過的人大概都會有種望之生怯的感覺，但其實不用太擔心，隨著觀光蓬勃發展發展，首爾的交通工具或是方向指標除了韓文都加有英、中文輔助，就算看不懂韓文也能靠自己遊遍首爾！

善用綠色環狀2號線

　　首爾地鐵的綠色2號線與東京的JR山手線有著異曲同工之妙。呈環狀路線的2號線，分為順時針和逆時針兩個方向，路線橫跨漢江以北、以南，行經東大門、梨大、新村、弘大入口、江南等必到的觀光景點，也能轉乘首爾地鐵的其他路線，搭著2號線就能玩遍首爾市中心！

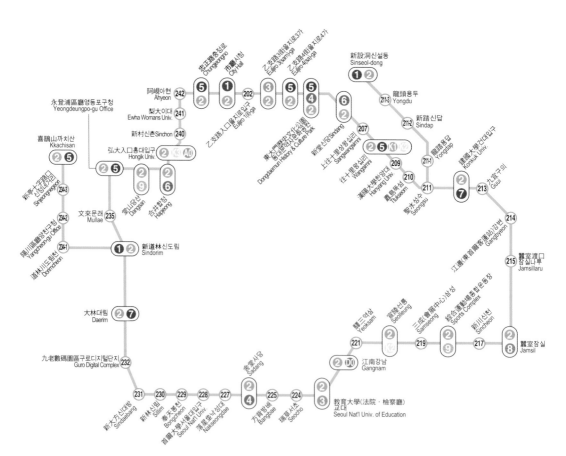

認識首爾
行前準備
機場介紹
當地交通
主題旅遊
常見問題

轉乘 技巧

把握2號線

如前述，2號線是行經首爾市區最熱門的地點，如從機場搭乘機場鐵道只需在弘大入口站下車轉乘2號線，開始市區的遊玩行程。如果住宿不知從何找起，不妨從2號線沿線車站下手。

買張交通卡

T-Money、CASHBEE交通卡任君挑選，兩張卡的用途差不多，但如果想要跨城市更方便使用的話，推薦T-Money卡會更實用。（詳見P.114）

新手看這裡

善用轉乘工具

想確認地鐵路線或檢查搭車資訊，只要善用以下中文版APP，就可以隨機應變。

Subway Korea -實時地鐵線路信息/Android		Subway Korea -實時地鐵線路信息/iOS	
韓國ing/Android		韓國ing/iOS	
韓國地圖/Android		韓國地圖/iOS	

新手看這裡

問路手指韓文

請問地鐵站怎麼走？
실례지만, 지하철은 어디서 타야합니까?
sil-rye-ji-man, ji-ha-cheol-eun eo-di-seo ta-ya-hap-ni-kka?

請問巴士站在哪裡？
실례지만, 버스정류장은 어디에있습니까?
sil-rye-ji-man, beo-seu-jeong-ryu-jang-eun eo-di-e-iss-seup-ni-kka?

向前直走
앞으로 직진하세요.
ap-eu-ro jik-jin-ha-se-yo.

向前走，一直走到紅綠燈，然後右轉（左轉）。
신호등이 있는곳까지 직진하신 후, 우회전（좌회전）하세요.
sin-ho-deung-i iss-neun-gos-kka-ji jik-jin-ha-sin hu, u-hoe-jeon（jwa-hoe-jeon）ha-se yo.

大概還有多遠？
거리는 얼마나 남았습니까?
geo-ri-neun eo-ma-na nam-ass-seup-ni-kka?

10分鐘	20分鐘	1小時
십분	**이십분**	**한시간**
sip-bun	i-sip-bun	han-si-gan
15分鐘	30分鐘	2小時
십오분	**삼십분**	**두시간**
sip-o-bun	sam-sip-bun	du-si-gan

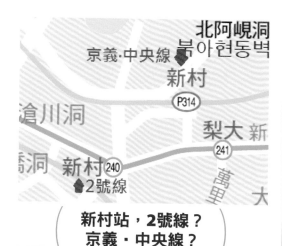

新村站，2號線？京義‧中央線？

基本上在首爾搭地鐵是很簡單的，唯一只有在「新村站」（신촌역）要多加注意。2號線及京義‧中央線上都有新村站，從站名上會讓人誤會在同一站，實際上兩站並無相連；遊客大多會使用到的是2號線上的新村站，計劃搭車路線時一定要多加留意。

自動售票機

確定要前往的站名、轉乘路線後，接下來看看如何購買票卡。首爾的地鐵站目前已沒有人工售票，如果身上沒有交通卡，只需要在自動售票機購買一次性的單程車票即可。

 要注意 首爾地鐵的單程票，是可回收的感應式票卡，在購票時會被要求多加上₩500的押金，等到出站後才可以退錢。所以購買單程票時別忘了在原本的票價上再多加上₩500。

地鐵車資

車資	交通卡	現金
成人（19歲以上）	₩1,400	₩1,500
青少年（13~18歲）	₩800	₩1,500
兒童（7~12歲）	₩500	₩500

註：10km以內₩1,400；10~50km每5km加收₩100；超過50km每8km加收₩100

新手看這裡

 Q 要去哪裡拿回一次性交通卡的押金₩500呢？

A 如果使用的是一次性單程票，記得出地鐵站前先找到押金退還機〈Deposit Refund Machine〉，好把押金₩500拿回來。方法非常簡單，只要把卡片插入，錢幣自動會掉出來。

購票Step by Step

Step 1 找到售票機
通常觸碰式螢幕的售票機都會有中、英、日、韓四種文字的操作介面。

觸控式螢幕　　　零錢投入口

卡片取出口　　　取錢口　　　紙幣放入口

T-Money加值時卡片放置處

Step 2

點選中文

Step 3

選擇一次性交通卡

如果確定目的車站在基本票價範圍內〈₩1,350〉的話,可選擇基本票價專用的選項。

Step 4

選擇路線搜索

選擇一次性交通卡的話,接著選擇路線搜索。

Step 5

進入地鐵路線圖

找到目的站,點選。

Step 6

選擇張數

新手看這裡

注意一下儲值交通卡裡還有多少錢

雖然交通卡很方便,感覺上可以隨心所欲地搭車,但是儲值金總有接近用完的時候。例如儲值金一旦低於₩900,感應時就會顯示「X」的訊息並發出訊號聲,此時只要再度加值,就可以繼續使用。如果不想出現這種窘境,隨時注意一下儲值金還剩多少,只剩₩1,000上下就加值一下吧!

如果是Android系統用戶可以下載「T-餘額查詢(NFC)」APP,即能隨時隨地查詢T-Money餘額。

Step 7

放入紙鈔

Step 8

購買完成

取回票卡與零錢。

聰明使用交通卡 T-Money

何謂T-Money？

在國外旅行，除了吃飯、住宿外，交通也是每天息息相關的一件要事。如果不想每天一段段地買票，建議玩首爾先買張韓國交通卡，不但乾脆、省事，也可以順便省錢喔！

 特色 功能類似台北的悠遊卡，不但可以搭地鐵、搭巴士、搭計程車、打公共電話，在便利商店、自動販賣機購物，進入特定景點門票有折扣等，為了方便國際觀光客，使用範圍也不斷擴大，除了首爾、京畿道，甚至連江原道、忠清道、全羅道乃至於濟州道的部分交通工具都可以使用。交通卡除了T-Money，另有由樂天集團發行的CASHBEE，兩張的功能相同，只差於CASHBEE在樂天集團旗下商家消費時會有優惠折扣，使用前也需注意該路段或交通工具可否使用。

 T-Money官網

多少錢 基本卡費₩2,500，使用前需加值。

哪裡買 在標示有「T-Money」或「CASHBEE」的便利商店（GS25、CU、7-ELEVEn、Mini Stop等）購買；各個地鐵站的票卡販賣機也可以買到。
※如需購買青少年或兒童T-Money卡，在購買前提供護照給服務人員進行卡片設定，卡片即可設定為青少年或兒童專用T-Money卡。

加值 在購買卡片同時就可以直接請服務人員幫你加值；也可以在各個地鐵站的加值機自己執行加值。在購買卡片同時就可以直接請服務人員幫你加值；也可以在各個地鐵站的加值機自己執行加值。

哪裡用 **交通工具**：地鐵、市區公車、機場巴士（含深夜巴士）、計程車、高速巴士、遠程巴士、火車（鐵路）
便利商店：GS25、CU、7-ELEVEn、MINI STOP、emart24、365PLUS、StoryWay等
超市：Home plus、watsons、GS Supermarket
咖啡店：PARIS BAGUETTE、DUNKIN' DONUTS、貢茶、STARBUCKS、Angel-in-us Coffee、EDIYA CAFFEE、baskin robbins等
餐廳：麥當勞、LOTTERIA等
化妝品：ARITAUM、THE FACE SHOP、TONY MOLY、innisfree、Holika Holika
其他：公用電話、地鐵站內置物櫃、自動販賣機、傳統市場等
❶搭乘地鐵、公車時能減免₩100車資

購買T-Money Step by Step

◎票卡販賣機

Step 1 找到票卡販賣機。

觸控式螢幕　語言列表

呼叫鈕
取錢口
T-Money加值時卡片放置處
購卡時T-Money取出口
紙幣放入口

Step 2

點選購入卡片的按鍵。

Step 3

選擇想購買的卡片樣式。

Step 4

此時螢幕會顯示該卡片的金額，便可放入紙鈔。

Step 5

取出卡片與找零。

◎加值機加值

Step 1

找到加值機，點選「中文」選項。

Step 2

點選「交通卡充值」選項。

Step 3

放入T-Money卡片。

Step 4

選擇欲加值的金額。

Step 5

放入紙鈔。

Step 6

取回卡片即可使用。

新手看這裡

Q 一次建議加值多少？

A T-Money每次可以加值₩1,000到₩90,000，可衡量自己所使用的需求。如果只是用來搭乘地鐵和巴士，₩10,000就可以用10幾趟。

Q T-Money使用後可以退錢嗎？

A 使用過後的T-Money，可退還扣除空卡費用₩500後的餘額；如卡片中餘額超過₩50,000，需到仁川及金浦機場入境大廳的友利銀行（우리은행）外幣兌換處或T-Money本社（T-Money Town：首爾站10號出口Seoul City Tower 1F）辦理退款，建議使用到最後兩天時，注意一下卡片裡的餘額再小額儲值，就可免去還要退款的麻煩。

認識首爾

行前準備

機場介紹

當地交通

主題旅遊

常見問題

在機場就可以買張T-Money

如果你本來就要買T-Money，那不如在機場就先買先用，因為在機場搭機場巴士、機場鐵道的普通列車和計程車都可以使用。

T-Money在機場出境大廳的CU便利超商就可以買得到，店員能以英文溝通，現買、現儲值、現用！

儲值相關韓文

請幫我儲值（T-Money）。

충전해 주세요.

chung-jon-hae ju-se-yo.

機場講英文也通！**Recharge, please.**

Q 用T-Money感應一定要把卡片拿出來嗎？

A 不一定。和悠遊卡一樣，T-Money非常靈敏，即使放在包包裡，隔著一層布或皮革同樣感應得到，非常方便。

適用交通工具的領域、地區

區域	地鐵	公車
首都圈	首爾/京畿道地鐵（1~9號線、機場鐵路、新盆唐線、議政府輕軌電車、水仁盆唐線、京春線、京義中央線、龍仁輕軌電車、牛耳新設輕軌電車）、西海線、金浦都市鐵道、新林線	首爾、京畿全區
廣域市	仁川（1~2號線） 大田*（1號線） 大邱（1~3號線） 釜山廣域市（地鐵1~4號線、釜山-金海輕軌電車、東海線） 光州（1號線）	仁川、大田*、大邱、蔚山、光州、釜山
江原道		春川、原州、江陵、橫城
忠清北道		忠州、永同、清州、沃川、丹陽、堤川、鎮川、清原、槐山、報恩、陰城、曾坪
忠清南道		天安、牙山、洪城、公州、論山、青陽、保寧、燕岐、禮山、錦山、扶餘、泰安、瑞山、舒川、唐津、雞龍
慶尚北道		浦項、榮州、聞慶、尚州、安東*、龜尾、慶州、金泉、蔚珍、義城、慶山、醴泉、鬱陵、漆谷、永川、清道
慶尚南道		統營*、巨濟*、昌原、梁山、咸安、密陽、泗川、山清*、河東*、昌寧*、咸陽、晉州、固城*、居昌*、南海*、陝川*、金海
全羅北道		群山、完州、淳昌、全州、金堤、任實、益山 鎮安、高敞、井邑、扶安、南原、茂朱、長水
全羅南道		麗水、木浦、光陽、羅州、和順、海南、長城、務安、咸平、潭陽、求禮、康津、高興、寶城、靈巖、順天、谷城、長興、靈光
濟州道		濟州道
其他		世宗特別自治市

註：*無法使用CASHBEE交通卡

Seoul City Pass

針對外國旅客推出的進化型T-Money Mpass交通卡、韓國旅遊卡KOREA TOUR CARD、Amazing Pay T-Money交通卡及首爾探索卡Discover Seoul Pass，更附有知名景點、特約商店的優惠折扣。購買的方式除了到韓國當地的機場、地鐵站或是服務中心，在台灣時也可以透過Seoul Pass、kkday或是KLOOK票券網站先購買再帶至當地使用，旅行前做好準備更安心。

T-Money Mpass交通卡

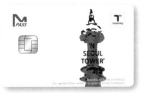

多少錢 1日券₩15,000、2日券₩23,000、3日券₩30,500、5日券₩47,500、7日券₩64,500。

效期 從第1次使用開始計算，當天半夜12:00截止即算1天，所以一旦購買，建議早上就開始利用。儲值現金後與T-Money一樣可用於便利商店、計程車付款。
使用範圍同T-Money。

優惠 有效期內可自由搭乘首爾市區內的地鐵、機場快線、公車；但是每天搭乘交通工具以20趟為上限。
不可使用於：地鐵新盆唐線、機場快線直達車、廣域紅色公車。

哪裡買 仁川國際機場：1F 5、10號出口Tourist information center（7:00~22:00）、B1機場鐵道一般列車閘門前（5:30~23:00）。
T-Money Town：1、4號、機場鐵道首爾站10號出口首爾City Tower 1F（9:00~18:00）。
明洞旅遊資訊中心：2號線乙支路入口站5號出口前（9:00~18:00）。
在原購買地點可進行退款服務。

退款 如非原地點服務時間，可在仁川機場內CU便利商店進行退款，可退還扣除空卡費用₩500後的餘額。

要注意 因為卡費較貴，除非確定自己一天要搭車近20趟，否則不一定划算。

 T-Money Mpass 交通卡

韓國旅遊卡
KOREA TOUR CARD

多少錢 空卡費₩4,000，需再加值。

效期 無

優惠 使用範圍同T-Money。
每次搭乘或轉乘交通工具亦可享優惠。
首爾市區超過180間商店優惠：市區免稅店、百貨公司有購物優惠，國立中央博物館、愛寶樂園、樂天世界等景點享門票折扣。

哪裡買 **機場鐵道服務中心**：首爾站服務中心（8:00~21:00）、弘大入口站服務中心（7:00~21:30）、仁川國際機場服務中心（7:00~21:30）、仁川國際機場入境大廳45號櫃檯（7:00~21:30）。
機場內銀行：新韓銀行、友利銀行。
首爾地鐵1~4號線交通卡販賣機。
7-11及CU便利商店。
便利商店、地鐵站自動加值機或服務中心。

退款 退款時退還扣除空卡費用₩4,000及手續費₩500後餘額；如餘額超過₩50,000，退款手續相對較為複雜，建議小額儲值使用。

要注意 空卡費較貴，用途其實和基本型T-Money一樣，如無特別需求購買基本型即可。

 韓國旅遊卡 KOREA TOUR CARD

Amazing Pay T-Money 交通卡

多少錢 ₩50,000(卡片₩4,000+加值金額₩46,000)

效期 無

優惠 使用範圍同T-Money。
每次搭乘或轉乘交通工具亦可享優惠。
搭乘機場巴士(部份首爾-仁川路線適用)享有10%優惠。
樂天世界、63Square等景點享受門票、餐廳、文化表演門票折扣優惠。

哪裡買 仁川國際機場入境大廳機場巴士售票處(4、9號門前)。
仁川國際機場CU便利商店。
便利商店、地鐵站自動加值機或服務中心。

退款 退款時退還扣除空卡費用₩4,000及手續費₩500後餘額；如餘額超過₩50,000，退款手續相對較為複雜，建議小額儲值使用。

要注意 與基本型T-Money相同用途，只多機場巴士折扣及購物優惠，可多方比較再購買。

Amazing Pay
T-Money
交通卡

首爾探索卡
Discover Seoul Pass

多少錢 24小時₩50,000／48小時₩70,000／72小時₩90,000

效期 指定使用時間(24/48/72小時)。
另外自行加值後也可當一般T-Money卡使用。

優惠 使用範圍同T-Money。
每次搭乘或轉乘交通工具亦可享優惠。
可免費進入觀光景點參觀，如景福宮、昌德宮與後苑、德壽宮、昌慶宮、西大門刑務所歷史館、國立現代美術館(首爾館)、南山首爾塔等13個景點。
可以透過APP連動查詢使用時間及景點列表

哪裡買 **仁川國際機場**：韓亞銀行、CU便利商店（24小時）。

首爾市區：2號線乙支路入口站5號出口明洞觀光資訊中心（10:30~19:30）。
2、4、5號線東大門歷史文化公園站5號出口首爾城市觀光巴士（9:00~18:00）。
2號線弘大入口站8號出口弘大旅遊中心（10:00~22:00）。
便利商店、地鐵站自動加值機或服務中心。

退款 退款時退還扣除手續費₩500後餘額；如餘額超過₩50,000，退款手續相對較為複雜，建議小額儲值使用。

要注意 金額較高，先安排好想去的地方再決定是否購買。

首爾探索卡
Discover Seoul
Pass/Android

首爾探索卡
Discover Seoul
Pass/iOS

119

如何搭地鐵

Step 1

找到正確路線

很多地鐵站都有2條以上地鐵線，入口位置不一定相同。先找到所要搭乘地鐵線的正確入口，由有綠色箭頭的驗票口進入。

Step 2

感應票卡，進站

不管是一次性單程票還是T-Money，都是屬於感應票卡，只需在驗票口感應處輕觸一下即可入站。

Step 3

依照標示找到要搭乘的路線方向

每條線至少都有兩個方向，記住最後一站的站名，就是正確的方向。

遵循方向找到正確的月台

候車月台的上方，都會標示3個站名，中間字體最大的是目前所在的站名，而左、右兩邊字體較小的是上一站和下一站的站名，箭頭方向就是這一列車所行駛的方向。

Step 4

Step 5

排隊上車

通常列車靠站後，候車的乘客會靠車門兩邊排隊站立，讓乘客先下車再上車，勿爭先恐後。

Step 6

注意站名提示

首爾地鐵分屬不同公司經營，從車廂內可覺得略有不同，有的會以液晶顯示下一站的地名，並以箭頭指示下車的車門方向；有的以更清楚的螢幕顯示下一站的站名，有顯示的那一側就是下一站車門會打開的方向；有的則是在路線圖上以亮燈標示出即將停靠的車站。

Step 7

下車，尋找出口

遵循「出口」的指示方向，走出地鐵站。通常一個地鐵站有7、8個出口是常有的是，有的出口距離相當遠，所以要先搞清楚自己要去哪裡，查看出口指示標上的說明文字，才不會走錯。

如果不肯定自己該走哪個出口，地鐵站裡不時會出現該地鐵的細部地圖，上面會顯示地鐵出口號碼和附近景點，查看方便。

認識首爾

行前準備

機場介紹

當地交通

主題旅遊

常見問題

需要轉乘怎麼辦？

首爾地鐵其實很簡單，每一站都是站內轉乘，下車後跟著牆上的路線顏色與指示一路走，就能輕易抵達要轉乘的月台囉！

搭地鐵碰到問題就按服務鈴

有人發現，現在首爾很多地鐵站內都沒有設服務櫃台了，但不用擔心，如果碰到問題或是緊急事故，在通行閘門靠旁邊的欄柱上通常設有緊急服務鈴，按下鈴後沒多久，就會有工作人員前來協助，而且説英文也可通。

搭乘地鐵手指韓文

出口
출구
chul-gu

入口
입구
ip-gu

換乘
갈아타다 / 환승
gal-la-ta-da／hwan-seung

景福宮
경복궁
gyeong-bok-gung

清溪川
청계천
cheong-gye-cheon

鍾路
종로
jong-no

仁寺洞
인사동
in-sa-dong

三清洞
삼청동
sam-cheong-dong

首爾站
서울역
seo-u-lyeok

市廳站
시청역
si-cheong-yeok

鐘閣站
종각역
jong-gak-yeok

鍾路3街站
종로3가역
jong-no-sam-ga-yeok

弘大入口站
홍대입구역
hong-dae-ip-gu-yeok

乙支路入口站
을지로입구역
eul-ji-ro-ip-gu-yeok

明洞站
명동역
meong-dong-yeok

蠶室站
잠실역
jam-sil-yeok

安國站
안국역
an-guk-yeok

惠化站
혜화역
hye-hwa-yeok

忠武路站
충무로역
chong-mu-ro-yeok

會賢站
회현역
hoe-hyeon-yeok

光化門站
광화문역
gwang-hwa-mun-yeok

梨泰院站
이태원역
i-tae-won-yeok

江南站
강남역
gang-nam-yeok

清潭站
청담역
cheong-dam-yeok

新沙站
신사역
sin-sa-yeok

東大門站
동대문역
dong-dae-mun-yeok

請問這個售票機怎麼使用？
실례지만, 이 판매기는 어떡해 사용합니까 ?
sil-rye-ji-man, i pan-mae-gi-neun eo-tteok-khae sa-yong-hap-ni-kka ?

請問往____方向是在這裡等車嗎？
___ 가는 차는 여기서 기다립니까 ?
____ga-neun cha-neun yeo-gi-seo gi-da-rip-ni-kka?

我要換乘3號線，請問該怎麼走？
저는 3호선을 타고싶습니다, 어떡해 가야합니까 ?
jeo-neun sam-mho-seon-neul ta-go-sip-seup-ni-da, eo-tteok-khae ga-ya-hap-ni-kka?

我要去仁寺洞，請問應該從幾號出口出去？
저는 인사동으로 가고싶습니다, 몇번 출구로 나가면 됩니까 ?
jeo-neun in-sa-dong-eu-ro ga-go-sip-seup-ni-da, myeot-beon chul-gu-ro na-ga-myeon doep-ni-kka?

請問5號出口該怎麼走？
실례지만, 5번 출구는 어디로 가야합니까 ?
sil-rye-ji-man, o-beon chul-gu-neun eo-di-ro ga-ya-hap-ni-kka?

韓國鐵道

如何購買火車票

01旅遊服務中心

旅遊服務中心本來是提供遊客諮詢的便利服務，但是韓國各地火車站的旅遊服務中心，為了方便外國旅客，在接受諮詢之餘，也可以代為直接售出車票。最棒的是旅遊服務中心人員多半通曉英語，溝通比較方便，只要清楚告訴他們想去的目的地，他們就會幫你購買最適合你搭乘的班次。

02臨櫃排隊購買

韓國各地的火車站都有售票窗口，窗口上方明確顯示當下的火車班次、列車種類與票價，只要清楚告知要買哪一列車，即可購得。但售票人員不一定通曉外語，最好先確認搭乘車次、目的地，或使用自助購票機。

03自助購票機

韓國各地的火車站，都備有自助購票機，而且目前已經有中、英文的操作介面，只要按著指示步驟，運用現金或信用卡，就能買到所要的車票。

04網路訂購

如果行程已經確定，擔心到時候沒有座位，想事先訂好車次、座位的話，可透過韓國鐵道的中文介面官方網站的「車票預訂」系統事先購票，完成後將購票QR code列出來即完成。網路訂票開放自乘車當天前一個月以內的座位。

韓國鐵道
訂票網頁

KORAIL通票
（KORAIL PASS）

限定給外國旅客的KORAIL通票（KORAIL PASS），分為四種票券：自選2日券、4日券、連續3日券、5日券，是在韓國旅遊時可以使用的火車通行證，可以根據旅遊天數選擇需要的票券，在限定的天數內不限次數自由搭乘火車。

使用方法

透過韓國鐵道官網或是kkday、KLOOK等票券網站皆能購得。抵達韓國後，到仁川機場B1F 機場鐵道服務中心（9:00~21:30），或是韓國各地的火車站依列印出來的通票憑證及護照，換取實體票，並可指定一般車廂坐席（Seat）。

※需注意如搭乘車次無空位時無法預訂坐席，只能使用立席（Standing）車廂。

使用範圍

韓國境內所有路線的各級列車，包含高速鐵路KTX、特快車新村號以及快車無窮花號，不限區域和次數，自由搭乘。

不可使用

首爾、釜山等市內地鐵、特殊觀光列車、SRT列車。

認識首爾

行前準備

機場介紹

當地交通

主題旅遊

常見問題

票種與票價

自選券：從初次乘車日算起，10天內可任選2天或4天使用。

票種	一般票種（韓元）			經濟票種（韓元） （2～5人同行）
	成人	青少年	兒童	
彈性 2日券	₩131,000	₩105,000	₩66,000	₩.121,000
彈性 4日券	₩234,000	₩187,000	₩117,000	₩.224,000

連續券：從初次乘車日算起，連續使用3天或5天。

票種	一般票種（韓元）			經濟票種（韓元） （2～5人同行）
	成人	青少年	兒童	
連續 3日卷	₩165,000	₩132,000	₩83,000	₩155,000
連續 5日券	₩244,000	₩195,000	₩122,000	₩234,000

新手看這裡

Q 什麼情況下需要購買KORAIL通票？

A 短期內，密集地長距離火車旅行，1天內至少搭乘2次火車以上。

以首爾到釜山為例，高速鐵路單程車票₩59,800，而KORAIL通票最便宜的2日券也要₩131,000，如果只要去釜山兩天一夜旅行，不如單趟購買，除非中途要搭配其他旅遊地點，建議購買通票前先將路線規劃清楚。

Q 線上訂購KORAIL通票，如果我屆時沒有坐，會不會扣款？

A 線上訂購的電子火車票，必須在訂購後180天以內去把它換成真正的票券，如果限期內沒有兌換，訂購會自動取消，信用卡不會扣款。唯有你在韓國把它兌換成實體票券的同時，才會真正進行扣款。

如何解讀火車票與站內標示

購得車票後，會獲得兩張傳真紙的列印憑證，一張是車票，另一張則是收據。兩張上面會清楚顯示列車的車號、出發時間、車次、座位、抵達時間等詳細資訊，只要循著指示，就能找到自己應該搭乘的列車。

橘紅色標示：高速鐵路〈KTX〉

綠色標示：一般鐵路
〈Nooriro、Mugunghwa、Saemaeul〉

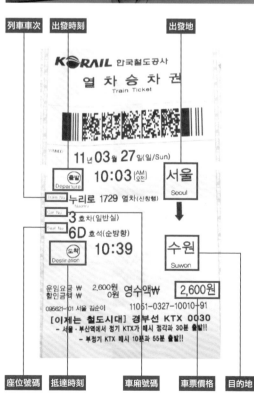

列車車次　出發時刻　　　　出發地

座位號碼　抵達時刻　　車廂號碼　車票價格　目的地

123

如何搭火車

Step 1

購買車票
雖然有售票口、自助購票機或網路，但是建議尋找溝通無礙的旅遊服務中心，還是最方便可靠。

Step 2

尋找搭車月台
韓國的火車時刻表，會有韓文及英文互換顯示。

列車車種｜出發時刻｜月台號碼｜終點站｜抵達時刻｜列車車次｜延遲分鐘數

Train Name	Dep.Time	Tracks	Terminal	Arr.Time	Train No.	Delay
					Current Time 18:22	
DEPARTURES			Yongsan	18:55	1552	10
Mugunghwa	18:31		Jecheon	21:00	1281	0
Nooriro	18:33	6	Seoul	19:16	1022	11
Saemaul	18:46	6	Busan	23:41	1221	0
Mugunghwa	18:48	5	Yongsan	19:23	1510	0
Mugunghwa	18:51	6	Yeosu	23:48	1127	0
Saemaul	18:53					

Step 3

直接進入月台
韓國的火車站幾乎都沒有驗票閘口，地鐵才有閘口。找到正確的月台自行進入即可。

Step 4

尋找列車車廂的正確停靠處
列車月台上會顯示停靠車廂的號碼。一般鐵路和高速鐵路停靠的車廂號碼通常不一樣，會分別標示出。

Step 5

上車，尋找座位
上車前最好先確認車體上所顯示的列車車次與所前往目的地，無誤後再循著正確的車廂尋找座位。

Step 6

下車，尋找出口
韓國火車的月台出口同樣沒有驗票閘口，隨著指示標尋找想要前往的目的地即可。

新手看這裡

搭乘火車手指韓語

中文	韓語	羅馬拼音
直達	**직통**	jik-tong
列車號碼	**열차번호**	yeol-cha-beon-nho
出發	**출발**	chul-bal
抵達	**도착**	do-chak
換乘	**화승**	hwa-seung
來回車票	**왕복티켓**	wang-bok-ti-ket
水原	**수원**	su-won
春川	**춘천**	chun-cheon
江陵	**강릉**	gang-reung

我要一張到釜山的單程車票。
부산가는 편도 티켓 한 장 주세요.
bu-san-ga-neun pyeon-do ti-kes han jang ju-se-yo.

請問最近的一班車是什麼時間？
지금 제일 빠른 시간대의 차는 몇시입니까?
ji-geum je-il ppa-reun si-gan-dae-ui cha-neun myeot-si-ip-ni-kka?

請問乘車的月台怎麼走？
실례지만, 승강장은 어디로 가야합니까?
sil-rye-ji-man, seung-gang-jang-eun eo-di-ro ga-ya-hap-ni-kka?

124

首爾市區公車

　　遊玩首爾進階版！星羅棋布的首爾地鐵難免還是有到不了的地方，這時候就可以嘗試利用公車。

　　首爾的市區公車從2005年開始，以不同的車身顏色來行駛不同的路線也便於區分。但目前大多公車站牌仍以韓文標示，少數公車上的標示或廣播有中、英文，對不懂韓文的遊客而言頗有挑戰性，但只要搭乘前，確定好想要搭乘的路線、善用地圖APP的路線指引確認下車地點，搭乘市區公車更能走遍首爾大小街巷。

市區公車分類

藍色公車：屬於幹線公車，通常連接首爾市中心區和郊外，編號為3位數。

綠色公車：屬行駛近距離的支線公車，用來與地鐵換乘非常方便，大型車編號4位數，2位數的小型車車費比較便宜。

黃色公車：在首爾中心地區有限範圍內循環，編號為2位數。

紅色公車：連接首爾中心地區與郊外的廣域公車，編號為4位數，車費較貴。

如何購票

　　首爾的公車都是從前門上車、從後門下車。上車後記得往車後走，不要站在靠近前車門的地方，否則有可能被司機責罵。

使用T-Money：上車時用T-Money感應一下即可，可立即享受₩100折扣優惠，如果是搭乘地鐵後換乘會有換乘優惠甚至免費。記得下車時再感應一次，如果下車時不感應的話，換乘優惠會無效，車費也會以該車程的最長距離計算，自己划不來。

不使用T-Money：上車時把千元鈔投入投幣機，投幣機會自動找零錢。不接受₩5,000和₩10,000紙鈔。

無現金公車：韓國因電子支付普及率高，首爾市自2021年10月開始實施「無現金公車」，每年已逐漸增高無現金公車的比例，為避免麻煩，建議在搭乘公車前先將交通卡準備好。

如何下車

　　和我們的公車一樣，首爾的公車也有下車鈴，按下車鈴就是告知司機要下車，並把T-Money在後車門再感應一次。如果擔心坐過站，建議把要下車的站名抄寫在紙上，向其他乘客求助。

公車價格

公車種類	成人		青少年〈13~18歲〉		兒童〈6~12歲〉
	交通卡	現金	交通卡	現金	交通卡／現金
藍色公車（幹線公車、支線公車）	₩1,500	₩1,500	₩900	₩1,000	₩550
綠色小巴（社區公車）	₩1,200	₩1,200	₩600	₩600	₩400
黃色公車（循環公車）	₩1,400	₩1,400	₩800	₩800	₩500
紅色公車（廣域公車）	₩3,000	₩3,000	₩1,700	₩1,800	₩1,500
深夜公車	₩2,500	₩2,500	₩1,600	₩1,800	₩1,400

認識首爾

行前準備

機場介紹

當地交通

主題旅遊

常見問題

如何搭公車

想要踏出搭公車的第一步一定十分的困難，但只要用對手機APP，搭公車更能進階玩遍首爾各處。韓國知名網站都有推出中文版的應用APP，雖然地名需要用英文輸入，但明確標出公車搭乘或轉乘路線、時間、搭車金額等十分詳細。

Step 1

尋找站牌

將要前往的目的地韓文字先寫在紙上或紀錄於手機中，利用APP搜尋附近站牌，每個公車站牌都有專屬的ID，APP上都會顯示站牌ID，不懂韓文的人可以確認ID號碼。

Step 2

公車進站

在韓國等公車不用像台灣需要招手停車，基本上在候車亭等時公車都會停下來，如果擔心也可舉手示意。

Step 3

上車嗶卡或投現金

從前門上車找標有「T」字樣的機器嗶卡，或是準備千元鈔投入投幣機。

Step 4

看板顯示下車站名

公車前方會有看板顯示車站名，大多都是韓文字，少數路線會提供英文，也有廣播此站車站名及下一站車站名。不諳韓文的話不妨全程開啟手機APP定位，確認公車方向及下車站牌的距離。

新手看這裡

查詢公車APP

NAVER Map（中英）/Android		NAVER Map（中英）/iOS	
KakaoMap（英文）/Android		KakaoMap（英文）/iOS	
KakaoBus（英文）/Android		KakaoBus（英文）/iOS	

註：**KakaoBus**只能使用於韓文地名搜尋，但如果已知要搭乘的公車號碼，可用此APP查詢，內容詳細記錄即時公車路線、抵達時間以及公車站牌ID。

新手看這裡

搭乘公車手指韓文

公車
버스
beo-seu
站牌
정류장
jeong-ryu-jang
本站是____。
이번 정류장은 ___ 입니다.
i-beon jeong-nyu-jang-eun ____ ip-ni-da.
下一站是____。
다음 정류장은 ___입니다.
da-eum jeong-nyu-jang-eun ____ ip-ni-da.

Step 5

到站按鈴及嗶卡

和台灣一樣，到站前按鈴、從後門下車。如上車是使用交通卡的人記得下車要再嗶一次卡。

首爾城市觀光公車

　　首爾城市觀光巴士〈Seoul City Tour Bus〉是針對國際觀光客而特別設計的觀光巴士，每天有固定的班次，分為單層巴士、雙層巴士，四條路線市中心·古宮、首爾全景、江南循環路線、夜景路線。旅客買了車票之後，可以在一天之中隨時上車、隨時下車。

首爾城市
觀光公車

巴士路線

售票處／搭乘地點：地鐵5號線光化門站6號出口，東和免稅店前。傳統文化路線售票處則在東大門設計廣場前(美利萊大樓對面)。

付費方式：於售票處購買車票，可用現金、信用卡，或是上巴士後使用T-Money結帳。

公休日：每週一，遇假日正常營運。

路線說明：

路線	行經景點
市中心·古宮路線	光化門－德壽宮－南大門市場－首爾站－戰爭紀念館－龍山站－國立中央博物館－梨泰院－明洞－南山谷韓屋村－豪華大使酒店－新羅酒店－南山N首爾塔－君悅酒店－東大門設計廣場－大學路－昌慶宮－昌德宮－仁寺洞－青瓦台前·景福宮·現代美術館－世宗文化會館－光化門
傳統文化路線	東大門設計廣場－中部市場－乙支路三街－乙支路入口－青瓦臺－通仁市場－光化門光廣場-南大門市場－南山－明洞－鐘閣－仁寺洞－宗廟－廣藏市場－東廟－首爾風物市場－首爾藥令市場－馬場洞市場－新堂洞中央市場
夜間觀光路線	光化門－麻浦大橋－西江大橋－江邊北路－盤浦大橋－三島－銅雀大橋－聖水大橋－漢南大橋－南山N首爾塔－南大門市場－清溪廣場

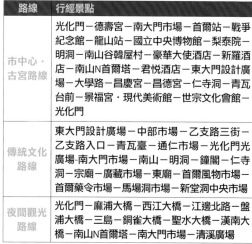

新手看這裡

首爾免費徒步觀光路線

不止觀光巴士可以遊覽首爾，徒步旅遊也是個不錯的選擇。由首爾政府推動的免費徒步旅遊利用各具特色的30條路線走入首爾的歷史發展，並有英、中、日文的導覽員進行解說，有興趣的話不妨可至網站進行預約。

首爾徒步旅遊

路線票價：

	路線	發車時間	成人票價	學生票價
單層巴士	市中心·古宮路線	9:30~18:00(末班車16:30出發) 發車間隔60分	₩24,000	₩15,000
雙層巴士	傳統文化路線	9:30~18:20(末班車17:00出發) 發車間隔平日40分、週末15~25分	₩20,000	₩15,000
	夜間觀光路線	19:30出發(一天一班)每月時間不同	₩20,000	₩15,000

認識首爾

行前準備

機場介紹

當地交通

主題旅遊

常見問題

計程車

首爾市區計程車收費標準

收費	一般	模範/大型
基本收費	₩4,800/1.6km	₩7,000/3km
追加收費	₩100/131m	₩200/151m
鐘點收費 (15km/h以下時)	₩100/30秒	₩200/36秒
夜間加成	22:00～23:00, 02:00～04:00: ₩120/131m 23:00～02:00:₩140/131m	22:00～04:00: ₩240/151m

註：國際計程車從，採用區間收費制（從仁川機場至首爾市區約70,000~95,000韓元）。

申訴電話

　韓國搭計程車司機良莠不齊，如遇司機不當要求、繞路增收額外費用時，請留下搭車收據，再撥打電話向首爾全球中心：02-2075-4180（英日中菲蒙越俄語）、茶山120首爾旅遊服務熱線：02-2-120（韓英日中越語）申訴。

首爾長途巴士

　　長途巴士連結著無數大城、小鎮，路線眾多，比起火車相對車資較便宜、也算乾淨舒適，所以對韓國當地人來說，反而是更常利用到的大眾交通工具。隨著越來越多旅遊首爾的玩法，有不少國外旅客開始使用長途巴士做移動，首爾市區內的巴士站也漸漸國際化，像是首爾高速巴士站已進駐多語言的自動售票機，看不懂韓文也能成功自助買票！

長途巴士

長途巴士分為高速巴士與市外巴士兩種，有些客運站單營其中一種，有些客運站屬於綜合經營。

高速巴士

主要行駛高速公路的巴士，一般除了休息站以外，行駛途中不停車或繞進其他城市。

高速巴士又分為一般巴士與豪華巴士，豪華巴士座位較寬敞，票價也會略高。如果是晚上10點以後的夜車，通常以豪華巴士開出，票價也比白天又高一些。

首爾高速巴士客運站（韓文）

東首爾綜合巴士客運站（韓文）

Hiticket高速巴士售票網（韓英日中）

市外巴士

市外巴士又分直達車與普通車，直達車直接開往目的地，而普通車會在其間所有的客運站停靠。直達車會在標明目的地的旁邊註明「直達」或「不停靠」，搭乘時務必事先確認。

首爾南部巴士客運站（韓文）

上鳳巴士客運站（韓文）

市外巴士統合售票網（韓英日中）

購買長途巴士票

01網上購票

需要有韓國手機或是韓國信用卡才能購票，其實巴士班次眾多，直接在現場的售票窗口或自動售票機購買即可。

02售票窗口排隊

韓國客運站最令人安心的設施，就是特別設置「外國人賣票所」，至少提供英語服務，有時候中文也可以通。即使並非完全溝通無礙，但既然標榜專為外國人服務的窗口，會盡力幫你買到你所需要的目的地的車票。

如果是較小的站，沒有「外國人賣票所」，建議把目的地地名寫下來給售票員看，以減少認知誤差。

03自動售票機

客運站裡的自動售票機已備有英、中、日等不同介面語言，能更加順利購票。

首爾出發的高速巴士票價參考

目的地／車程	高速巴士經濟座位	豪華座位	深夜商務座位
春川（1小時30分）	₩10,100		
清州（1小時30分）	₩9,900	₩14,400	
江陵（2小時50分）	₩15,000	₩23,700	₩25,000
東海（3小時5分）	₩18,200	₩24,800	₩29,400
釜山（4小時15分）	₩26,800	₩40,000（商務座）	₩44,000

如何搭乘長途巴士

以首爾高速巴士站為例：

Step 1

找到正確的客運站
首爾市裡分有高速巴士及市外巴士客運站，建議在搭車前可以先上購票網搜尋搭乘的巴士站及目的地，也可先查詢時間表，才不會白跑一趟。

Step 2

查詢發車時間
客運站的售票窗口上方，都會有醒目的看板，詳細列出當天出發的班次與票價等資訊，而且會有韓文與英文兩種版本，不必擔心。

高速巴士月台平面圖

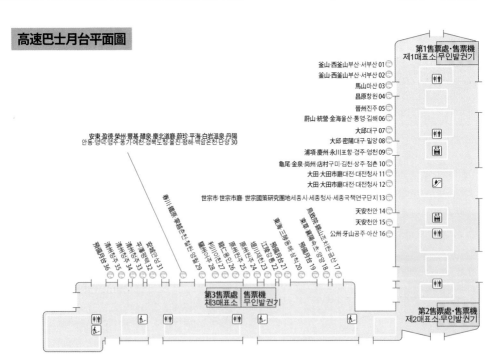

第1售票處·售票機
제1매표소·무인발권기

釜山·西釜山부산·서부산 01
釜山·西釜山부산·서부산 02
馬山마산 03
昌原창원 04
晉州진주 05
蔚山·統營·金海울산·통영·김해 06
大邱대구 07
大邱 密陽대구·밀양 08
浦項 慶州·永川포항·경주·영천 09
龜尾·金泉 尚州店村구미·김천·상주·점촌 10
大田·大田市廳대전·대전청사 11
大田·大田市廳대전·대전청사 12
世宗市·世宗市廳·世宗國策研究團地세종시·세종청사·세종국책연구단지 13
天安천안 14
天安천안 15
公州·牙山공주·아산 16

安東·盈德·榮州 豐基·醴泉·慶北道廳·蔚珍·平海·白岩溫泉·丹陽
안동·영덕·영주·풍기·예천·경북도청·울진·평해·백암온천·단양 30

第3售票處·售票機
제3매표소·무인발권기

第2售票處·售票機
제2매표소·무인발권기

認識首爾

行前準備

機場介紹

當地交通

主題旅遊

常見問題

Step 3

購買車票
告知售票人員打算前往的目
的地，如果不指定時間，也
無所謂一般巴士或豪華巴士
的話，售票員通常會給你最
近一班班車的車票；市外巴
士就要注意是否直達車的問
題。

Step 5

核對目的地
為了保險起見，上車前還是
查看一下巴士上方所標示的
目的地，以免上錯車。有時
你的目的地並非這班車的終
點站，標示上看不出來，不
妨再和司機確認一下地名，
比較安心。

Step 4

尋找乘車月台
買好票之後，最好向售票人
員確認搭乘月台的號碼，然
後找到正確的月台上車。

Step 6

驗票上車
向司機出示車票，即可上
車，準備出發！

首爾市內長途巴士客運站

　首爾市區內有5大客運站，專擅不同路線，其中首爾高速巴士客運站與中心城客運站聯手，幾乎囊括所有重要大城市的高速巴士路線，可謂首爾最重要的公路交通樞紐。

客運站	地址	路線	交通方式	網站
首爾高速巴士客運站－京釜／嶺東線（서울고속버스터미널 - 경부 / 영동）	首爾市瑞草區新盤浦路194；서울 서초구 신반포로 194	主要經營前往釜山、慶州、大邱、浦項、大田等城市的京釜線，以及前往利川、束草、江陵、東海等城市的嶺東線高速巴士。	地鐵3、7或9號線高速巴士客運站1號出口徒步約1分	
中心城客運站－湖南線（센트럴시티터미널 - 호남선）	首爾市瑞草區新盤浦路190；서울 서초구 신반포로 190	主要經營前往全州、光州、木浦、順天、麗水等城市的湖南線高速巴士	地鐵3、7或9號線高速巴士客運站7號出口徒步約3分	
南部客運站（서울남부터미널）	首爾市瑞草區孝寧路292；서울 서초구 효령로 292	南部客運站則以城市內的小據點為重，有開往京畿道、忠清道、慶尚道、全羅道共70條路線	地鐵3號線南部客運站5號出口相連	
上鳳客運站（상봉터미널）	首爾市中浪區上鳳路117；서울 중랑구 상봉로 117	主要行駛江原道地區的市外巴士，高速巴士則有清州、大田、全州、光州等路線	地鐵7號線上鳳站2號出口徒步約5分；京春線忘憂站1號出口徒步約5分	
東首爾客運站（동서울종합터미널）	首爾市廣津區江邊站路50；서울 광진구 강변역로 50	開往京畿道、江原道、慶尚道、忠清道、全羅道等各地的巴士，路線最齊全。1樓是市外巴士客運站，高速巴士的售票處在2樓	地鐵2號線江邊站下，從4號出口徒步約3分	

首爾近郊觀光巴士

為了不讓首爾觀光專美於前，在近郊的知名觀光地區也開設具有當地特色的觀光巴士，行前查好目的地與時間表，也能輕鬆串連一整天的郊區旅行！

韓國觀光公社

ℹ️ 路線每年不一，請事先上到官網確認

春川觀光巴士

江原道春川因是知名韓劇拍攝地而聲名大噪，國內外的遊客絡繹不絕，因此特別設置自春川站出發的春川觀光巴士。從首爾市搭乘京春線，或是在龍山站、清涼里站搭火車至春川站下車改搭觀光巴士，需注意春川觀光巴士不似加平和水原是固定路線，而是每天都有不一樣的運行路線。

📍 春川站1號出口前觀光巴士乘車處
🕐 10:30發車，每天1班，全程約7小時 💲 成人₩6,000、兒童₩4,000

巴士路線：

路線	行經景點
週一	春川站（춘천역）－昭陽大壩（소양댐）－清平寺乘船體驗（청평사）－午餐－參觀清平寺－春川蕎麥麵體驗博物館（춘천막국수체험박물관）－春川Mullegil獨木舟體驗（춘천물레길）－昭陽江Sky Walk／朝陽江少女銅像（소양강 스카이워크／소양강 처녀동상）－春川站（춘천역）
週二	春川站（춘천역）－金裕貞文學村（김유정 문학촌）－江村鐵路自行車（강촌레일파크）－午餐－九曲瀑布（구곡폭포）－昭陽江Sky Walk／朝陽江少女銅像（소양강 스카이워크／소양강 처녀동상）－春川站（춘천역）
週三	春川站（춘천역）－昭陽大壩（소양댐）－春川Mullegil獨木舟體驗（춘천물레길）／衣巖湖Skywalk（의암호 스카이워크）（如無參加獨木舟體驗者）－午餐－玉鑛山玉洞窟體驗（옥광산）－江原道立花木園（강원도립화목원）－昭陽江Sky Walk／朝陽江少女銅像（소양강 스카이워크／소양강 처녀동상）－春川站（춘천역）
週四	春川站（춘천역）－金裕貞文學村（김유정 문학촌）－江村鐵路自行車（강촌레일파크）－午餐－昭陽大壩（소양댐）－江原道立花木園（강원도립화목원）－昭陽江Sky Walk／朝陽江少女銅像（소양강 스카이워크／소양강 처녀동상）－春川站（춘천역）
週五	春川站（춘천역）－玉鑛山玉洞窟體驗（옥광산）－金裕貞文學村（김유정 문학촌）－午餐－登仙瀑布／三岳山（등선폭포／삼악산）－JadeGarden樹木園（제이드가든 수목원）－昭陽江Sky Walk／朝陽江少女銅像（소양강 스카이워크／소양강 처녀동상）－春川站（춘천역）
週六	春川站（춘천역）－昭陽大壩（소양댐）－清平寺乘船體驗（청평사）－午餐－參觀清平寺－江原道立花木園（강원도립화목원）－申壯節公墓域（신장절공묘역）－昭陽江Sky Walk／朝陽江少女銅像（소양강 스카이워크／소양강 처녀동상）－春川站（춘천역）
週日	春川站（춘천역）－昭陽江Sky Walk／朝陽江少女銅像（소양강 스카이워크／소양강 처녀동상）－金裕貞文學村（김유정 문학촌）－午餐－春川動畫博物館／機器人體驗館（춘천 애니메이션박물관／토이로봇관）－申壯節公墓域（신장절공묘역）－春川站（춘천역）

加平觀光巴士

　　加平觀光巴士可到達加平知名觀光地點小法國村、加平鐵路自行車、晨靜樹木園等，行經過加平巴士站、加平站、清平巴士站以及清平站等大眾運輸站。坐巴士時建議坐右邊座位，因路途中會行經清平湖，可以看到山湖合一的美麗景色。

🚌加平市外巴士客運站、加平站或清平站
🕐9:00~18:00（自加平巴士站出發時間為準）
💲成人₩8,000、兒童₩6,000（3歲以下免費），可同一天無限次數搭乘（不可用T-Money）
⚠️巴士為循環路線，建議上車前先詢問司機或服務人員，避免搭錯方向繞遠路。

新手看這裡
如何前往加平市外巴士客運站

從首爾市區搭乘地鐵7號線、京春線或中央線的上鳳站，或是1號線、中央線的清涼里站搭往春川方向，在清平站或是加平站下車即可；如在清平站下車，可於2號出口等候觀光巴士。

巴士路線：

路線	行經景點	發車班次／間隔時間	備註
加平觀光巴士路線A（加平市外巴士客運站↔晨靜樹木園）	加平市外巴士客運站（가평터미널）－加平站（가평역）－鷺島（자라섬）－加平鐵路自行車（가평레일파크）－南怡島（남이섬）－小法國村（쁘띠프랑스）－清平巴士客運站（청평터미널）－清平站（청평역）－晨靜樹木園（아침고요수목원）	每天9:00~18:00，30分~1小時一班，每天15班，全程1小時30分	末班車只到清平站，冬季（12~3月）延長行駛至晨靜樹木園

認識首爾

行前準備

機場介紹

當地交通

主題旅遊

常見問題

車站介紹

相較於日本東京的繁亂鐵道線路，首爾的交通系統相當簡單易懂，基本上在首爾市區移動只需靠地鐵，如果要到其他地區再搭配火車即可。本章節主要介紹觀光客常利用到的五個車站：首爾、弘大入口、東大門歷史文化公園、清涼里及高速巴士客運站，出發前先認識這些車站、掌握基本概念，就不用怕迷失方向。

位於首爾市中心的主要大站，連接著韓國鐵道京釜線、京義線、湖南線、全羅線、首爾地鐵1號線、首爾地鐵4號線與仁川國際機場鐵道的鐵路車站，一到下班時間人潮流量非常驚人，若想前往的地方需要透過首爾站轉乘，建議避開上下班時段。2010年12月29日仁川國際機場鐵道開通至此站後，直通列車只需43分鐘。閘口分別設於2樓與3樓。2樓主要為一般列車（ITX-新村、無窮花號），3樓為KTX列車。與首爾站緊鄰的樂天超市更是觀光客來韓必朝聖的景點之一。

出口指南

首爾站出口眾多，路線錯綜複雜，以下介紹主要出口周邊景點，只要掌握出口通往的景點、方向，可以省下不少移動時間。

Check 1 搭乘1號線地鐵

出口號碼	出口資訊
1號出口	首爾站KTX、樂天超市、首爾觀光巴士、siloam三溫暖方向
2號出口	首爾站廣場、樂天超市、京義線方向
3號出口	崇禮門（南大門）方向
4號出口	南大門市場方向
5號出口	退溪路、南山公園方向
6號出口	延世地上購物中心
7號出口	退溪路、惠化站(4號線)方向
8號出口	龍山圖書館、南山首爾塔（Seoul Square）方向
9號出口	南大門警察所方向
9-1號出口	首爾站公車轉運站、首爾路方向

首爾站 서울역

`1號線1호선` `4號線4호선` `京義 中央線경의 중앙선`
`機場鐵道` `KTX`

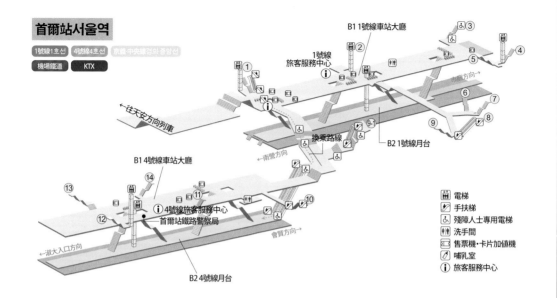

B1 1號線車站大廳

1號線
旅客服務中心

往天安方向列車

換乘路線

B2 1號線月台

←南營方向

B1 4號線車站大廳

4號線旅客服務中心
首爾站鐵路警察局

會賢方向→

←淑大入口方向

B2 4號線月台

🛗	電梯
🔼	手扶梯
♿	殘障人士專用電梯
🚻	洗手間
🎫	售票機・卡片加值機
🍼	哺乳室
ⓘ	旅客服務中心

Check **2** 搭乘4號線地鐵

出口號碼	出口資訊
9-1號出口	首爾公車轉運站（正確位置1號出口與9號出口之間）
10號出口	南大門警察所方向
11號出口	南山公園、龍山圖書館方向
12號出口	厚岩郵局方向
13號出口	淑明女大入口、孝昌公園方向
14號出口	首爾站KTX、首爾站廣場、觀光巴士售票處

新手看這裡

地面投射指引

最近除了舊有的指標指引牌，在首爾站內也多了很多投射在地面上的地面指引，方向感不太好的人可以更輕鬆簡單的找到自己要去的方向！

Check **3** 搭乘機場鐵道

出口號碼	出口資訊
4號出口	通往首爾站內部的出口（首爾地鐵站1、2號出口）
15號出口	首爾站機場鐵道停車場方向

置物櫃指引

置物櫃位置：首爾站內2樓
付款方式：可用現金、T-Money卡與信用卡結帳。（部分站點無法現金結帳）
使用費用：

尺寸	費用	使用時間
小型	₩2,000	使用時間基本為2~4小時，超時會追加費用。
中型	₩3,000	
大型	₩4,000	
超大型	₩6,000	

使用方式：

Step 1

首爾站置物櫃皆支援四種語言，中、英、日、韓。

Step 2

只需要按照畫面指示即可輕鬆存、取貨。

Step 3

特別要注意的是，機器基本上是透過指紋認證。

Step 4

完成存貨後會列印密碼條，務必妥善保存。若取貨時候指紋採取失敗，還可以用密碼作為取貨手段。

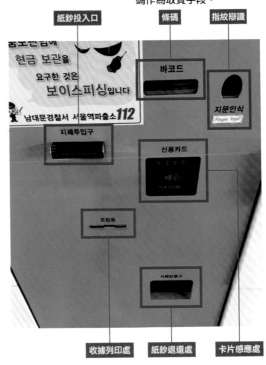

紙鈔投入口　條碼　指紋辨識

收據列印處　紙鈔退還處　卡片感應處

火車及KTX

KTX自動售票機

首爾站火車及KTX的自動售票機大致上分有三種機型：

Check 1　外國人普遍使用的是外觀呈長瘦型機台，語言支援中、日、韓、英語；此機台可以刷海外信用卡。

Check 2　限韓國國內信用（支援英韓語）。

Check 3　現金與韓國國內信用卡，可收取現金的機台會多一個收取鈔票的白色閘口（支援英韓語）。

乘車指南

韓國鐵路

1、2號月台只與KORAIL機場鐵道、首爾地鐵（地鐵首爾站）設有聯絡通道接續，沒有與西端月台的聯絡通道，需閘外轉乘。

月台	路線、類別	目的地
1、2	■ 忠北線 Nuriro ■ 長項線 Nuriro	水原、平澤、天安、新昌、清州、堤川方向
	● 1號線 天安急行	天安方向
3、4	■ 京釜線 ITX-新村 ■ 慶全線 ITX-新村 ■ 京釜線 無窮花號	大田、東大邱、釜山、浦項、馬山、晉州方向
5、6	■ 慶全線 無窮花號	
7、8	■ 京釜高速線 KTX ■ 京釜線 KTX ■ 東海線 KTX	幸信、仁川國際機場、進永、昌原中央方向
9、10		
11、12		
13、14		
西部	● 京義‧中央線 ● 京義‧中央線 首爾─汶山急行	新村、一山、汶山方向

首爾地鐵

月台	路線	目的地
上行	1號線	逍遙山、議政府、光云大、清涼里、東廟前、鍾路3街、市廳方向
下行		仁川、西東灘、天安、新昌、餅店、九老方向
上行	4號線	東大門、漢城大入口、倉洞、堂嶺方向
下行		舍堂、衿井、中央、安山、烏耳島方向

機場鐵道

月台	路線	目的地
上行	仁川國際機場鐵道	終點站
下行		仁川國際機場、黔岩方向
直通	機場直通	仁川國際機場方向

周邊車站交通指南

地鐵

❶會賢站：4號線

5、6、7號出口出站可前往南大門市場。

7號出口可往新世界百貨公司總店方向。

❷明洞站：4號線

6、7號出口出站即抵達明洞最熱鬧的區域，更往裡面走可以看到一排排的美妝店。

如果要找換錢所，可往5號出口出站，徒步約5分即可達一品香、大使館等換錢所。

公車

❶往弘大：604、603、1101、1100、1601、1400、1500

❷往明洞：471、463、604、7011、421、507、202、400、701、261、704、103、262等

❸往東大門歷史文化站：261、152

深夜巴士

搭乘紅眼班機的旅客抵達首爾時，通常地鐵已沒有運作，最遠只能搭到首爾站時，可以選擇在首爾站換乘首爾深夜巴士到目的地。如果沒有直達，也可以到附近後再轉乘計程車，避免長途車資太昂貴。

❗首爾站的計程車有時很難等，另一方面也怕亂喊價、繞路或獨自旅行的危險。

上下車地點：首爾站站前廣場前方轉乘中心3號乘車處，地鐵9-1號出口。

往市區：

公車號碼	路線
N10	吉音站─普門站─誠信女大入口─新設洞站─鐘路3街站─南大門─首爾站
N30	明逸洞─千戶洞─東大門─明洞樂天百貨─首爾站
N40	方背洞─舍堂站─高速巴士客運站─綠莎坪站─梨泰院─南大門市場─首爾站

往機場：

巴士號碼	路線	發車時間
N6001	首爾站─松亭站─鹽倉站─仁川機場	機場→首爾站：00:15、1:05、2:00、2:55、3:45、4:40 首爾站→機場：22:55、23:45、00:40、1:35、2:25、3:20(首爾站後加停新龍山站)

認識首爾

行前準備

機場介紹

當地交通

主題旅遊

常見問題

登機、行李服務

首爾站是出入首爾的主要樞紐之一，因為機場鐵道行經仁川及金浦兩大國際、國內線機場，而成為旅客進入首爾的必經之地，而在首爾站便開設眾多便利服務，像是預辦登機、免費運送行李服務等，如果想要省去拖行李的麻煩，不妨可多利用。

登機服務

首爾站B2F的機場快線服務櫃台，可以看到有幾家航空看板的小型CHECK IN櫃台為：大韓航空（KE）、韓亞航空（OZ）、濟州航空（JEU）、易斯達航空（ZE）、德威航空（TW），只要是符合當天起飛的仁川機場班機，就可以在飛機起飛前三小時在首爾站先辦理登機手續與行李托運。

登機手續：5:20~19:00　　**出境檢查**：7:00~19:00

新手看這裡

行李輸送帶

KORAIL從9月起在首爾站內機場鐵路至地鐵1號線、4號線的轉乘通道兩側，設置4條行李輸送帶上下運行，協助旅客搬運行李，讓旅客上下更加輕鬆方便。

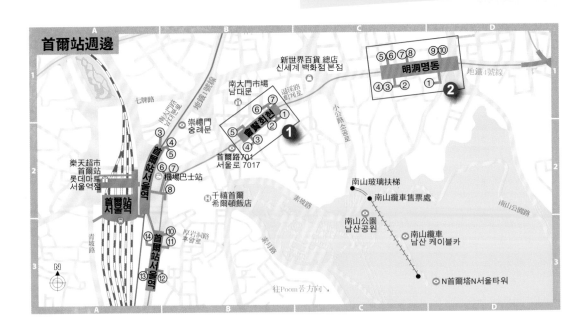

首爾站週邊

認識首爾
行前準備
機場介紹
當地交通
主題旅遊
常見問題

首爾站周邊景點

首爾站有地鐵、火車、KTX三鐵共構是來往韓國各地的重要交通樞紐，樂天超市更是觀光客必訪的血拼大點。

👁 首爾路7017
서울로7017

這條綠色空中大道一開始並不是為首爾路7017而建造，當初是為了讓南大門市場及青波洞、萬里洞的縫紉工廠之間，東西往來的商人能夠更便利的通行而開始計劃建造，在1990年發現安全問題，往後每年都會進行精密的工程檢查，直到2006年，發現這座橋事實上無法負荷過多車體重量，基於安全考量，首爾政府便停止這座橋的通行。原本市政府還想著既然無法使用那是不是就乾脆將它拆除呢？但最後經討論後決定將這座無法負荷車子重量的橋，從車道改為一處城市的綠地及散步道。

🚶15號出口看到公車站牌後不需過馬路，往右手邊直走即抵達首爾路7017起點　☀全年無休
seoullo7017.seoul.go.kr

吃玩買
首爾站
首爾路7017
樂天Outlet
樂天超市

🛍 樂天超市
롯데마트

位於首爾站的樂天超市，從美妝品、零食、泡麵、生鮮蔬果到熟食區、新鮮用品應有盡有，是來首爾必逛的地方之一。超市內設有置物櫃，可寄放行李，三小時內置物免費！另外也有提供國際宅配服務，可以直接購物後寄送回國，不用扛的很辛苦。值得注意的是，此服務在晚上10:30結束，若有需要使用此服務的旅客要提早前往。

🚇同樂天Outlet　🏠首爾市中區青坡路426；서울중구 청파로 426　📞02-390-2500　🕙10:00~24:00
❌每月第2、4個週日

👜 樂天Outlet
롯데아울렛

在三層樓高的樂天Outlet百貨裡面，集結近百個韓國與外國品牌，價格比一般百貨便宜三至七成，常常可以找到半價或以上的折扣商品，其中以包包、皮鞋、戶外品牌折扣最多，另外每層也都設有置物櫃可讓旅客暫時寄放行李，輕鬆購物。

🚇1號線走1號出口、京義・中央線5號出口、機場線4號出口　🏠首爾市龍山區漢江大路405；서울 용산구 한강대로 405　🕙平日11:00~21:00，週末11:00~22:00

弘大出口站 홍대입구역

弘大入口站是首爾地鐵2號線與首都圈電鐵京義‧中央線、仁川國際機場鐵道線的轉乘站。

主要的弘大商圈號稱全首爾最年輕、自由的地區，代表浪漫、藝術，更是地下文化蓬勃發展的重鎮。越接近弘益大學越能感受這裡的文化氣息，從街頭演出、活動、到鄰近校園圍牆的壁畫街（畢卡索街），街頭味濃厚，讓人能感受弘大滿滿的自由風氣，是個很有個性的地方；而稍微靠近地鐵站的地區則是逛街購物、吃飯的戰區，凡舉美妝、服飾、特色小物什麼都有，遊客也比較集中。

出口指南

弘大入口站主要分為環狀2號線及機場鐵道，以下介紹主要出口周邊景點，只要掌握出口通往的景點、方向，可以省下不少移動時間。

 Check 1 搭乘2號線地鐵

出口號碼	出口資訊
1號出口	西橋洞居民中心、城山洞方向
2號出口	延南洞、KT新村分店、西橋洞自治會館方向
8號出口	上小橋兒童公園方向、臥牛山路27街方向
9號出口	西橋小學、弘益大學、臥牛公園、麻浦一生學習館、弘大停車場街方向

Check 2 搭乘機場鐵道

出口號碼	出口資訊
3號出口	延南派出所、景城中學、弘益設計高中、韓國專利信息院、京義線林道方向
4號出口	東橋洞三岔路口方向
5號出口	金大中圖書館、東橋洞方向
6號出口	倉前洞、京義線書街方向
7號出口	想要漫步的街道方向

新手看這裡

拖行李箱的你走這裡…

弘大入口站雖為大站，但並非每個站口都有手扶梯，在出口1號及3、4號設有手扶梯，如是搭乘2號線可從1號出口出站（往弘大商圈方向），搭乘機場鐵道可從3、4號出口出站（往延南洞方向），在8號出口方向也有電梯可搭乘。

置物櫃指引

 Check 1 機場地鐵線、京義‧中央線往3、4號出口方向站外

認識首爾
行前準備
機場介紹
當地交通
主題旅遊
常見問題

弘大入口站홍대입구역

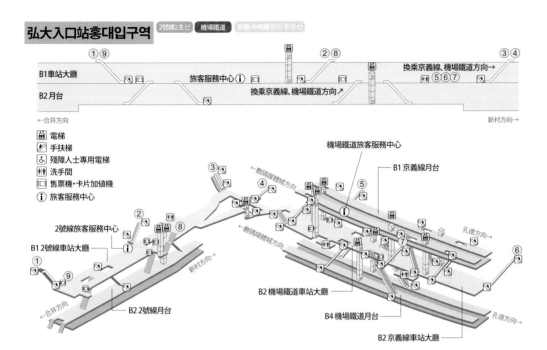

2號線2호선　機場鐵道　京義·中央線경의중앙선

B1車站大廳
B2月台

旅客服務中心ⓘ

換乘京義線、機場鐵道方向→
⑤⑥⑦

換乘京義線、機場鐵道方向↗

←合井方向　　　　　　　　　　　　　　　　　　　　　　　新村方向→

🛗 電梯
↗ 手扶梯
♿ 殘障人士專用電梯
🚻 洗手間
🎫 售票機・卡片加值機
ⓘ 旅客服務中心

機場鐵道旅客服務中心

B1 京義線月台

數碼媒體城方向
數碼媒體城方向

2號線旅客服務中心

B1 2號線車站大廳

新村方向→

孔德方向→

B2 2號線月台

←合井方向

B2 機場鐵道車站大廳

B4 機場鐵道月台

B2 京義線車站大廳

孔德方向→

Check 2

2、3、4、8號出口方向

付款方式：置物櫃介面有英、中、日文；可用現金、T-Money卡與信用卡結帳。（部分站點無法現金結帳）

使用費用：

尺寸	費用	使用時間
小型	₩2,000	
中型	₩3,000	使用時間基本為2~4小時，超時
大型	₩4,000	會追加費用。
超大型	₩6,000	

乘車指南

首爾地鐵

月台	路線	目的地
內環	2號線	新村、忠正路、市廳、乙支路4街、往十里方向
外環		合井、堂山、永登浦區廳、新道林、舍堂方向
1號月台	京義·中央線	大谷、一山、金村、汶山方向
2號月台		龍山、清涼里、回基、楊平、龍門方向

機場鐵道

月台	路線	目的地
上行	仁川國際機場鐵道	孔德、首爾方向
下行		黔岩、仁川國際機場方向

141

弘大入口站週邊

往Woollim Entertainment・NIT KITCHEN

延南洞

東賔城 동보성
弘大崔代表烤肉흥대최대포

弘大
換錢所

1984
BUTTER 弘大店
버터 홍대점
SHOOPEN 弘大店

機場巴士站

idollook
아이돌룩

弘大入口站弘대입구

豚壽百
돈수백

飯匠人豬肉鍋
밥장인돼지찌개

弘益木炭烤肉
홍익숯불갈비

Kakao Friends Store
弘大旗艦店

保勝會館
보승회관

興夫家部隊鍋
흥부네 부대찌개

安馬縕首爾飯店
Amanti Seoul Hotel

朝鮮韓牛
조선 화로구이

cartoon network專賣店
카툰네트워크샵

H&M
弘大遊客中心
New Balance弘大店

三丁目日式拉麵
산쪼메

Thanks Nature Café

機場巴士站

KyoChon
橋村炸雞

麵屋三代目拉麵
멘야산다이메

教授烤腸
교수곱창

機場巴士站

ALAND

弘大正門

弘大亂打
專用劇場

DOMA韓牛
烤排骨專賣店도마

HONKAZ
弘大豬排
혼가츠

弘大Free Market
弘大街頭塗鴉홍대 거리 미술
弘大兒童公園
홍익어린이 공원

café mellow
멜로우

兔子停弘大店
토끼정(停)

Luxury秀KTV
럭셔리 수 노래방
KT&G想像庭院
KT&G상상마당

弘益大學홍익대학교

Mecenatpolis Mall

ZIOZIA

HOME
PLUS

BBQ炸雞

合井 합정

Outdark Chicken House 아웃닭

臥牛兒童公園
臥牛어린이 공원

合井 하즈

Travel Café Chalet
트래블 카페 샬레트

aA咖啡館兼設計博物館
Café aA &The Design
Museum

Utsav印度咖哩
웃사브

弘大彩繪階梯

colline콜린

stance café

SPACCA NAPOLI
스파카나폴리

往TG Entertainment

鯨魚商店
고래상점

Himeshiya
히메시야

九孔炭烤腸
구공탄곱창

上水상수

合井豬肉泡菜鍋
합정생고기김치찌개

往雞雞傳講頌닭 싸예 삼

N

往樂道市場망원시장
social club seoul

往Woollim Entertainment・NIT KITCHEN

周邊車站交通指南

地鐵

❶新村站：2號線

同在環狀2號線上，2、3號出口出站可達最熱鬧的延世路。

7、8號出口直通現代百貨和U-PLEX的地下街。

❷合井站：2、6號線

弘大商圈包括合井站、上水站一帶，從合井站3號出口遊逛附近特色餐廳和咖啡館，找找巷弄中的隱藏美食。

❸上水站：6號線

從合井站轉乘6號線到上水站1號出口出站，或是從弘大出口站步行也可以，一路上的熱鬧氣氛和特色餐館不間斷。

機場巴士

從機場前來弘大也是個快速的方法，搭乘6002號或是6712皆可來往機場。在首爾市內通常公車站牌會在街道兩旁，但如果是主要道路，大多都會在道路中心開闢公車專用道，機場巴士進入市區後會開駛在公車專用道上。

號碼	路線	公車站亭
6002	仁川機場 清涼里站	1號出口步行約5分鐘MARIGOLD HOTEL（메리골드호텔）
6712	金浦機場 新村轉盤路	2號與8號出口中間步行約30秒弘大入口站（홍대입구역）
		6號出口步行約3分鐘東橋洞三岔路口（동교동삼거리(중)）

143

要找現在韓國最新流行的服飾、餐廳、咖啡廳，走一趟弘大商圈一網打盡！

◉ 延南洞
연남동

搖身一變成為熱門地段的延南洞，出弘大入口3號出口後，沿著步道散步，在延南路、東橋路、成美山路一帶皆是聚集餐廳小店的區域，在此可以看到許多排隊美食的異國餐廳，或是高朋滿座的韓式熱炒小店等。而且也不一定要順著大條路走，偶爾逛進小巷弄內會發現到更多有趣的在地小店，或是挖掘到只有韓國人才知道的美食餐廳。

🚶3號出口即達　🏠首爾市麻浦區延南路至成美山路一帶；서울 마포구 연남로성미산로 이대

🍴 崔老闆家的雞
최사장네닭

延南洞的這家小餐廳不是太起眼，但它可是隱藏版巷弄美食，這裡的辣雞湯相當受歡迎，與我們一般吃的一隻雞不盡相同，使用多樣香料熬煮而成，說是辣雞湯但其實不太辣，有些像是重口味又有湯的三杯雞，吃到一半後也可選擇加入麵條或煮粥，更有不同風味。

🚶3號出口徒步5分　🏠首爾市麻浦區延南路4-1；서울 마포구 연남로 4-1　☎02-334-9242　🕐11:00-22:00　💲辣雞湯（닭도리탕）₩24,000

◉ 京義線林道
경의선숲길

廢棄的京義線鐵路在經過整修後，搖身一變成為熱門林蔭公園。總長約6300公尺的林道內，其中一段在弘大3號出口附近，而對遊客來說是機場快線其中一站的地鐵6號線孔德站與大興站、京義線西江大站之間的林道，在4月可是浪漫的櫻花隧道，兩旁的櫻花盛開時相當壯觀，就算是平日也有眾多人潮來此賞櫻。

🚶3號出口即達

吃玩買

弘大入口站

延南洞
京義線林道
崔老闆家的雞
延南酒館1987

🍴 延南酒館1987
연남주막1987

「延南酒館1987」在小巷弄中的'傳統韓式小酒館，招牌菜單「花蟹辣雞湯」主打香濃蒜辣、湯底味道微辣，燉雞肉質嫩滑，與花蟹的鮮味相互調和，經過一段時間的熬煮反而讓料理越來越入味，很受當地年輕人歡迎。推薦可以加點煎餅類，薄煎微酥的口感十分可口。

🚶弘大站3號出口徒步10分　🏠首爾麻浦區東橋路212-5 1樓 서울 마포구 동교로 212-5 1층　☎070-4143-1987　🕐15:00-3:00

東大門歷史文化公園站 동대문역사문화공원역

東大門歷史文化公園站作為連接2號線、4號線、5號線的一個重要轉乘大站，是許多觀光客必定會經過的站點之一，不論是要前往4號線上的明洞，換乘至2號線上的弘大、新村、梨大，或者換至1號線上的東大門站、首爾站，相信韓國之旅一定會有到此一遊的機會。

新手看這裡

東大門站？東大門歷史文化公園站？傻傻分不清

相信一說到韓國旅遊的血拼地，最先想到的一定是到不夜城－東大門吧？但是很多人不清楚，東大門批發購物市場其實不在東大門站，而是在東大門歷史文化公園站，最近人氣很高的DDP設計廣場LED玫瑰花海也是位於此站，別坐到東大門站就下車囉！

出口指南

以下介紹東大門歷史文化公園站主要出口周邊景點，只要掌握出口通往的景點、方向，可以省下不少移動時間。

出口號碼	出口資訊
1號出口	東大門歷史文化公園、南平和市場、新東平和市場、清溪川方向
2號出口	漢陽中、工業高等學校方向
3號出口	光熙門方向
4號出口	獎忠體育館方向
5號出口	獎忠壇路、退溪路方向
6號出口	忠武路5街方向
7號出口	中部市場方向
8號出口	光熙洞1街方向
9號出口	光熙洞2街方向
10號出口	新堂洞方向
11號出口	光熙洞1街方向
12號出口	未開放
13號出口	國立中央療養院
14號出口	東大門綜合市場、統一商街、觀光案內所

站內儲值機

有時候在入站後才發現螢幕上顯示的交通卡餘額快不夠，待會要去的景點又可能是熱鬧景點（例如明洞、弘大），不想跟著大家排隊等待使用儲值機的話，在車站內也都會有一些站內儲值機可供使用，支援韓、中、英、日語，只要照著畫面指示就能輕鬆完成儲值。

東大門歷史文化公園站 동대문역사문화공원역

2號線2호선　4號線4호선　5號線5호선

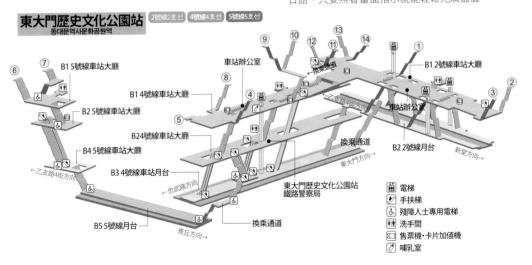

車站辦公室
B1 5號線車站大廳
B1 4號線車站大廳
B2 5號線車站大廳
B2 4號線車站大廳
B4 5號線車站大廳
B3 4號線車站月台
B5 5號線月台

B1 2號線車站大廳
車站辦公室
B2 2號線月台
　　　　　新堂方向→

東大門歷史文化公園站
鐵路警察局

換乘通道
換乘通道
換乘通道

←乙支路4街方向
←忠武路方向
東大門方向→
青丘方向→

電梯
手扶梯
殘障人士專用電梯
洗手間
售票機‧卡片加值機
哺乳室

認識首爾

行前準備

機場介紹

當地交通

主題旅遊

常見問題

乘車指南

首爾地鐵

月台	路線	目的地
內環	2號線	新堂、聖水、蠶室、三成、舍堂方向
外環		乙支路3街、市廳、新村、弘大入口方向
上行	4號線	東大門、倉洞、蘆原、堂嶺方向
下行		首爾站、舍堂、衿井、安山、烏耳島方向
上行	5號線	光化門、汝矣島、喜鵲山、傍花方向
下行		青丘、踏十里、江東、上一洞、馬川方向

周邊車站交通指南

地鐵

❶新堂站 ：2、6號線

自新堂站可以轉乘2號線往往十里、聖水、蠶室方向，6號線可轉乘至三角地、梨泰院、東廟前等方向。

新堂站7號出口出站步行可至新堂洞辣炒年糕街。

❷東大門站 ：1、4號線

東大門1號線可轉搭至首
爾站、市廳、仁川等地。

東大門4號出口出站可達東大門文具玩具批發市場，6號出口為豬骨街，7號出口則為東大門傳統市場聚集地，8號出口為東大門購物商圈，都塔免稅店、Migliore等百貨皆群聚於此，9號出口則為一隻雞街與烤魚街，此站與東大門歷史文化公園站之間皆步行可達。

新手看這裡

東大門歷史文化公園站5號線工程

2018年7月18日起至10
月31日止，車站內部進行為期三個月的車站維修工程，期間通往5號線的所有通道、出口都將關閉，故6號、7號出口也無法通行。工程期間（2018年10月31日止）換乘替代方案如下，欲往東大門歷史文化公園站搭乘5號線的旅客，建議改搭2號線至乙支路四街站（乙支路4가역）或往十里站（왕십리역）換乘。如需要使用外部換乘交通工具的旅客也可以直接從東大門歷史文化公園站4號線的5號出口出去，換成5號線的6號出口轉乘。（不需要刷卡，請直接使用緊急出口，門會直接開著）

---

❸鍾路5街 ： 6號線

臨近東大門站的鍾路5街，5號出口於東大門9號出口相近，可達一隻雞街、烤魚街，以及登山用品街與毛巾一條街。7號出口可抵達廣藏市場、芳山市場及中部市場。

公車

出口	綠色公車	路線	藍色公車	路線
1號	2012A	清涼里站、新內洞方向	144	教大、烏耳洞方向
	2233	玉水洞方向	152	新林洞、普門站方向
			302	城南、往十里、東大門方向
4號			263	往十里站、汝矣島方向
			421	玉水洞、往十里站、良才站方向
8號	綠0212	以北五道廳、玉水洞方向	105	上溪洞、清涼里站、乙支路
			144	烏耳洞、教大站方向
			149	西冰庫、惠化站方向
			301	惠化洞、金湖站方向
			407	良才站、城南方向
			420	清涼里、 忠洞方向
9號	綠0212	玉水洞、以北五道廳方向	144	教大站、烏耳洞方向
			301	獎忠體育館、惠化洞方向
			420	開浦洞、新沙站、清涼里方向
			507	大方站、九老數碼園區站方向
10號	2012B	新內洞、往十里站方向	202	厚岩洞、清涼里站、付岩洞
	2014	首爾林、紫陽洞方向	500	聖水站、首爾站
	2233	面牧洞、玉水洞方向		
12號			105	首爾站、清涼里站方向
			202	厚岩洞、清涼里方向
			261	汝矣島、清涼里方向
			500	上水站、首爾站方向
13號	2014	紫陽洞、往十里方向	407	城南、鐘路方向
			500	首爾站、新林方向

機場巴士

❶4號出口 ：首爾站→東橫INN→仁川國際機場

❷12號出口 ：首爾站→乙支路高爺酒店→仁川國際機場

東大門歷史文化公園站週邊

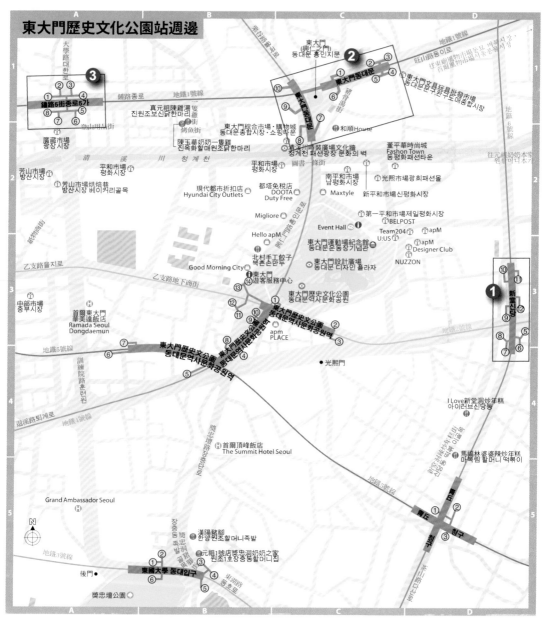

認識首爾

行前準備

機場介紹

當地交通

主題旅遊

常見問題

地鐵1號線
旺山路東口
東大門(興仁之門)
동대문 흥인지문

東大門동대문

鐘路5街종로6가
真元祖陳雞湯 一隻
진원조보신닭한마리
烤魚街
陳玉華奶奶一隻雞
진옥화 할매원조닭한마리

東大門綜合市場·購物城
동대문종합시장·쇼핑센터

和順 House

廣藏市場
광장시장

平和市場
평화시장

平和市場
평화시장

芳山市場
방산시장

芳山市場烘焙巷
방산시장 베이커리골목

現代都市折扣店
Hyundai City Outlets

都塔免稅店
DOOTA
Duty Free

Migliore

Hello apM

中部市場
충부시장

首爾東大門
華美達飯店
Ramada Seoul
Dongdaemun

Good Morning City

北村手工餃子
북촌손만두

東大門

東大門運動場紀念館
동대문운동장기념관

東大門設計廣場
동대문 디자인 플라자

南平和市場
남평화시장

光熙市場光州패션몰

Maxtyle

新平和市場신평화시장

第一平和市場제일평화시장

BELPOST

Team204 apM
U:US

apM
Designer Club

NUZZON

董平華時尚城
Fashon Town
동평화패션타운

新堂십

東大門歷史文化公園
동대문역사문화공원

apm
PLACE

光熙門

首爾頂峰飯店
The Summit Hotel Seoul

I Love新堂洞炒年糕
아이러브신당동

馬福林婆婆辣炒年糕
마복림 할머니 떡볶이

Grand Ambassador Seoul

中區
청구

漢陽豬腳
한양원조할머니족발

元祖1號店獎忠洞奶奶家
원조1호장충동할머니집

東國大學동대입구

後門

獎忠壇公園

N

地鐵1號線
地鐵6號線
地鐵2號線
地鐵5號線
地鐵3號線

147

原本只是逛街、批貨的東大門，悄悄的進駐具有設計生活品味的東大門設計廣場。

👁 東大門歷史文化公園
동대문역사문화공원

東大門在過去是一座擁有600年歷史的城牆，然而這段過往似乎早就被購物的氣息所淹沒，於是東大門歷史文化公園於2009年開始動工，希望藉由公園的建立重新找回東大門的歷史意義，也提供一個休憩娛樂空間；為配合此區的大規模整建，原先名為「東大門運動場」的地鐵站改名為「東大門歷史文化公園」。

🚶 1號出口徒步約1分

🍴 興仁洞 145
흥인동145

「興仁洞 145」取名簡單明瞭，就是舊地址的名稱，位於韓國知名服裝批發市場APM系列建築的附近，所以營業時間也配合在地店家直到早上六點，很適合半夜來此購物的旅客休憩用餐，店內的料理式傳統的韓式布帳馬車的常見菜單，都是經典的下酒菜，推薦韓式炒血腸微辣開胃，還有越來越少見的韓國傳統鐵便當，加上五彩霓虹燈讓你彷彿回到復古年代的舞廳，氣氛佳又好拍照！

🚶 東大門歷史文化公園站1號出口徒步15分鐘 🏠 首爾中區退溪路73街28 1樓 서울 중구 퇴계로73길 28 1층 ☎ 0507-1311-0678 ⏰ 17:00-06:00 💲 韓式綜合炒血腸₩19,000 傳統鐵便當 ₩9,000

吃玩買
東大門歷史文化公園站
東大門歷史文化公園
東大門設計廣場DDP
興仁洞 145
pungnyu

👁 東大門設計廣場DDP
동대문 디자인 플라자

新落成的東大門設計廣場賦予東大門全新面貌及注入時尚氣氛，它是首爾在世界設計首都活動和建設中的指標性建築，建築師哈蒂提到東大門設計廣場及公園最主要的目的：「要在首爾最繁忙、最具有歷史意義的區塊中心，打造一個文化的集散中心，帶給首爾市民愉快和振奮的心情。」同時也表示設計的信念是「建築必須能夠使人超過既存的界線思考，達到創新的設計解決方案。」

🚶 1號出口徒步約1分 🏠 東大門歷史文化公園內 ⏰ 展覽開放時間10:00~19:00，週三、五10:00~21:00 ❌ 週一

🍴 pungnyu
풍뉴

韓國最近流行小型的餐酒館，「풍뉴」位在隱密的巷弄之中，外觀是韓國傳統的磚屋，但推開門別有洞天，餐廳正中間有流水造景，營造出輕鬆自在的用餐環境，除了造景，店中還藏著老闆的小巧思，原來屋頂是可以掀開，成為半露天的空間，天氣好的時候，可以看到夕陽餘暉，天色漸變的瞬間，成為用餐的小樂趣。

🚶 東大門歷史文化公園站3號出口徒步5分 🏠 首爾中區退溪路70路10-31樓서울 중구 퇴계로70길 10-3 1층 ☎ 02-2153-0701 ⏰ 12:00-23:00(15:00-17:00休息時間) 💲 泡菜煎餅₩20,000 海鮮鍋₩25,000

清涼里站 청량리역

1911年開始營運，作為老車站，清涼里站可說是首爾的東部之窗，1938年5月1日改名為東京城站，1942年6月1日再次改為清涼里站，但在1950年車站在朝鮮內戰中被燒燬，後來在1959年車站重建完成，1974年8月15日地鐵一號線開始營運。直到2010年火車站大規模重新裝修成現代化的玻璃帷幕，可謂是傳統與現代結合地方色彩濃郁的車站。2010年重新裝修後，新建多間購物中心，有樂天百貨、樂天超市、樂天影院等進駐，車站與樂天超市、樂天百貨、地鐵1號線相連接，若想搭乘地鐵1號線可從站前廣場左方的4號出口進入即可。

出口指南

以下介紹清涼里站主要出口周邊景點，只要掌握出口通往的景點、方向，可以省下不少移動時間。

出口號碼	出口資訊
1號出口	東西市場、京東市場、在基方向
2號出口	清涼里郵局、東大門警察所、洪陵方向
3號出口	24hr農特利、東大門稅務所方向
4號出口	公車轉運站、清涼里站廣場、KTX、ITX方向
5號出口	公車轉運站、星巴克、lesmore方向
6號出口	龍頭1洞、蔬果市場方向

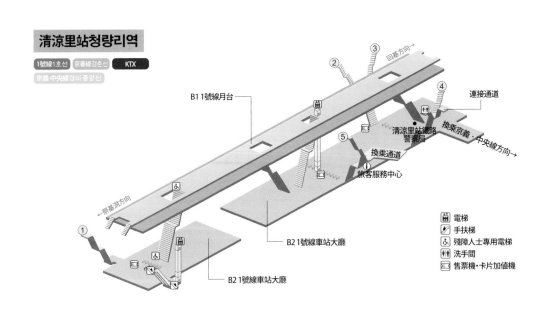

認識首爾

行前準備

機場介紹

當地交通

主題旅遊

常見問題

149

置物櫃指引

置物櫃位置：清涼里站1號出口處
付款方式：置物櫃介面有英、中、日文；可用現金、
T-Money卡與信用卡結帳。（部分站點無法現金結帳）
使用費用：

尺寸	費用	使用時間
小型	₩2,000	使用時間基本為2~4小時，超時會追加費用。
中型	₩3,000	
大型	₩4,000	
超大型	₩6,000	

使用方式：可參照首爾站置物櫃指引步驟（詳見P.136）
注意事項：
1. 保管時需要登錄兩次指紋，取用物品時也要使用指紋與密碼開鎖，所以密碼紙要妥善保管好。
2. 保管箱都有支援中文服務，可以照著畫面指示步驟即可。

搭乘火車時檢票

地鐵通過自動檢票機檢票，有LED顯示屏，但搭乘火車沒有檢票口，而是直接進入月台，但不能因為沒檢票而沒買票，因為火車車廂內會由列車長人工檢票。

韓國鐵路：清涼里站

火車及KTX

　　與首爾站相同，清涼里站也是韓國鐵路的其中一站，火車、ITX、KTX等列車都有停靠，2018年12月22日開通KTX首爾至江陵路線，從清涼里只要花費96分鐘即可抵達江陵。

售票系統

人工售票處

自動售票處：自動售票處有分只能使用韓國國內卡的機型與可刷海外信用卡的機型，另外部分國內卡機型還可使用現金結帳（현금 가능），系統語言只支援英文與韓文。

　　如果可以使用信用卡結帳的話，可以選擇另一種長型機台，有支援中、英、日、韓語介面。

| 韓國國內卡及現金專用機器 | 韓國國內卡專用機器 |

認識首爾

行前準備

機場介紹

當地交通

主題旅遊

常見問題

乘車指南

韓國鐵路

月台	路線	目的地
1、2	ITX-青春	坪內好坪、加平、春川方向
3	●首都圈電鐵 京義·中央線	九里、德沼、楊平、龍門方向
	●首都圈電鐵 京春線	退溪院、坪內好坪、加平、春川方向
4	●首都圈電鐵 京義·中央線· ITX-青春	往十里、玉水、龍山、汶山方向
5·6	和平列車	議政府、東豆川、漢灘江、漣川、新炭里、白馬高地方向
7·8	ITX-新村·無窮花號·旌善阿里郎列車	原州、堤川、安東、太白、正東津、釜田方向

首爾地鐵

月台	路線	目的地
上行	1號線	光云大、倉洞、道峰山、逍遙山方向
下行		首爾站、新道林、新昌、仁川方向

周邊車站交通指南

公車

　　自清涼里出發的公車及到近郊的市外巴士有許多班次，下方列表以有行經觀光景點的路線為主。

出口	綠色公車	路線	藍色公車	路線
1號			201	忘憂站、首爾站方向
			262	忘憂站、上鳳客運站、汝矣島方向
3號			105	中和站、首爾站方向
			202	付岩洞、厚岩洞方向
			241A	清涼里站、新沙站方向
			261	新設洞站、汝矣島方向
			271	光化門、上岩洞方向
5號	3216	蠶室站、梧琴洞方向	241A	新沙、清涼里站方向
	3220	建大入口站、梧琴洞方向	105	首爾站、中和站方向
			202	厚岩洞、付岩洞方向
			261	汝矣島、新設洞站方向
			271	上岩洞、光化門方向
6號	2221	新設洞、踏十里方向	201	首爾站、忘憂站方向
	2233	玉水洞、面牧洞方向	262	汝矣島、祭基洞站方向

機場巴士

　　清涼里廣場有6002號機場巴士直達仁川機場，票價為₩10,000，仁川機場第一航廈與第二航廈皆可到達，上車直接投入現金即可，如T-Money交通卡餘額足夠也可以直接使用。

　　如欲從仁川機場到清涼里站一樣是在機場搭乘6002號巴士即可到達終點站清涼里站。（詳見P.92）

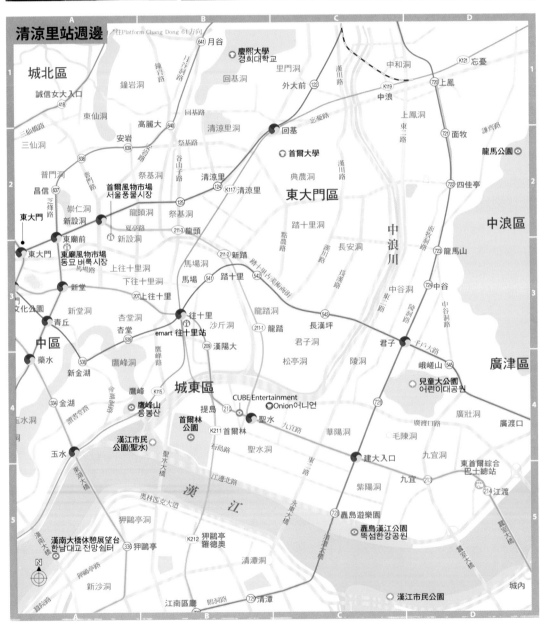

清涼里站週邊

往Platform Chang Dong 61方向

城北區

誠信女大入口
418

東仙洞

三仙橋路

三仙洞

普門洞

昌信

837

芝烽路

崇仁洞

新設洞

東大門

東大門

東廟前

東廟風物市場
동묘 벼룩 시장

馬場路

鐘岩洞

鐘岩路

高麗大
640

安岩

638 639

祭基路

谷山子路

祭基洞

夏亭路

新設洞

龍頭洞

211-3 龍頭

月谷路

641 月谷

回基洞

回基路

清涼里洞

祭基路

124 清涼里

125 K117

上往十里洞

馬場路

下往十里洞

馬場

541 踏十里

207 上往十里

211-2 新踏

慶熙大學
경희대학교

里門洞

外大前

122

漢川路

忘憂路

首爾大學

典農洞

踏十里洞

點農路

漢川路

長安洞

漢川路

長漢路

長安路

中和洞

K119

中浪

上鳳洞

上東三路

面牧路

723 龍馬山

中谷洞

東三路

陵洞路

K121 忘憂

720 上鳳

721 面牧

722 四佳亭

724 中谷

龍馬公園

中浪區

廣津區

中
浪
川

中谷

中谷洞路

新堂

新堂洞

杏堂洞

杏堂

539

鷹峰洞

鷹峰路

鷹峰

K115

334 金湖

青丘

中區

藥水

538

新金湖

金湖

往十里

211-1 龍踏

沙斤洞

emart 往十里站

209 漢陽大

城東區

提島

210

K211 首爾林

聖水

首爾林
公園

首爾林
公園

542

龍踏洞

龍踏

君子洞

松亭洞

543 長漢坪

陵洞

君子

545

峨嵯山

兒童大公園
어린이대공원

729

九宜路

華陽洞

毛陳洞

廣渡口路

廣壯洞

廣渡口

九宜洞

東首爾綜合
巴士總站

214 江渡

城內

CUBE Entertainment
Onion어니언

玉水

漢江市民
公園(聖水)

聖水
大橋

右峙路

聖水洞

江邊北路

漢
江

東三路

建大入口

九宜

213

紫陽洞

728 纛島遊樂園

纛島漢江公園
뚝섬한강공원

漢江市民公園

漢南大橋休憩展望台
한남대교 전망쉼터

330 狎鷗亭

狎鷗亭
羅德奧

K212

清潭洞

726 清潭

新沙洞

江南區廳

鶴洞路

認識首爾

行前準備

機場介紹

當地交通

主題旅遊

常見問題

清涼里站周邊景點

從清涼里開始遊玩，往上到倉洞的貨櫃屋，往下走到往十里超市購物，或是到復古樂園拍拍照。

emart 往十里站
이마트 왕십리점

位在Bitplex內的「emart」為往十里分店，店面占據2~3樓，因商品折扣很多，而成為韓國在地家庭採購生活用品、鮮蔬水果的最佳選擇。在這裡可以以優惠價格買到民生必需品外，觀光客也可以在此以便宜價格買到伴手禮，像是可在2樓找到韓國燒酒、泡菜、零食，甚至人蔘、韓藥材等也有，商場內還有提供試吃，3樓則是以販售服飾、家居服、內衣為主。Emart也有自有品牌「no brand」，價格與品質兼顧，是不少留學生的第一選擇。

🚇 2、5、中央、盆唐線往十里站12、13號出口即達 🏠 首爾市城東區往十里廣壯路17；서울 성동구 왕십리광장로 17 ☎ 02-2200-1234 🕐 10:00~00:00 📅 每月第2、4個週日 🌐 store.emart.com/branch/list.do?id=1117

吃玩買
清涼里站

emart 往十里站
龍馬公園
星巴克 京東1960

星巴克 京東1960
스타벅스 경동1960점

近期最紅的星巴克無疑地是「星巴克京東1960」，咖啡廳隱身在清涼里有名的傳統市場「京東市場」中，星巴克將原先1994年起廢棄的老舊劇院「京東劇院」重新改造，咖啡廳十分寬闊共363.5坪，空間設計上盡量保持原本的結構，復古的韻味和氛圍成為熱門打卡點。

🚇 1號線祭基洞站2號出口徒步10分 🏠 首爾東大門區古山子路三六街三 서울 동대문구 고산자로36길 3 🕐 08:00-21:30(周五六日至22:00)

龍馬公園
용마랜드

像是荒廢遊樂區的龍馬樂園，自從好幾組韓星來此拍攝MV，也有韓劇來此取景之後，搖身一變成為韓妞和情侶最愛拍照的好所在。靜止不動的旋轉木馬、海盜船和飛椅，在照片中依然保有歡樂氣氛，怎麼拍都相當有fu。

🚇 京義・中央線忘憂站轉乘計程車，約₩5,000~5,500 🏠 首爾市中浪區忘憂路70街118；서울 중랑구 망우로70길 118 ☎ 010-9671-6104 🕐 9:00~19:00 💲 ₩5,000。如管理員不在，需撥打電話告知，勿直接進入

高速巴士客運站 고속터미널역

地鐵高速巴士客運站於首爾地鐵3號線、首爾地鐵7號線、首爾地鐵9號線的轉乘站。鄰近有首爾高速巴士客運站（京釜線客運站）、Central City（湖南線客運站）。高速巴士客運站地下街全長880公尺，有六百多家店家進駐，包含美妝保養品牌、衣服、鞋子、流行包款、飾品、家飾用品、餐具、花飾、寢具、陶瓷、韓國傳統藝品以及各種居家用品。

新手看這裡

高速巴士客運站旅遊服務處

如有旅遊上的問題或需要幫忙，可以前往位在2號出口的旅遊服務處（SERVICE DESK）。

出口指南

因應眾多人潮流量，高速巴士客運站也發展出地下街風格，以下介紹主要出口周邊景點，只要掌握出口通往的景點、方向，可以省下不少移動時間。

出口號碼	出口資訊
1號出口	江南高速巴士總站地下街、京釜嶺東高速巴士總站方向
2號出口	貨物起卸處、盤浦美都公寓方向
3號出口	JW萬豪酒店、Central City、新世界百貨店（江南店）方向
4號出口	高麗天主教大學：醫學院、護理學院暨江南聖母醫院方向
5號出口	瑞來村、韓國國立中央圖書館方向
6號出口	盤浦2洞、首爾蠶院初等學校方向
7號出口	韓國國立中央圖書館、首爾皇宮酒店、湖南高速巴士總站向
8號出口	江南高速巴士總站地下街方向

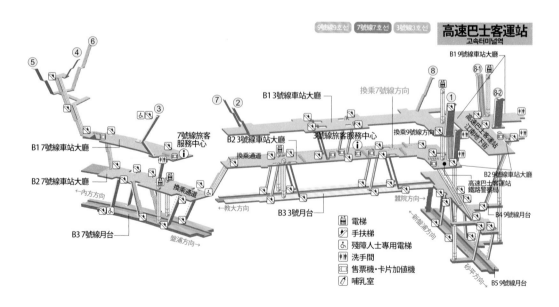

認識首爾

行前準備

機場介紹

當地交通

主題旅遊

常見問題

置物櫃指引

置物櫃位置 ：
・高速巴士客運站1號出口
・8-2號出口
・高速巴士客運站內星巴克對面

付款方式：置物櫃介面有英、中、日文；可用現金、
T-Money卡與信用卡結帳。（部分站點無法現金結帳）

使用費用：

尺寸	費用	使用時間
小型	₩2,000	使用時間基本為2~4小時，超時會追加費用。
中型	₩3,000	
大型	₩4,000	
超大型	₩6,000	

❗月定額 1個月₩50,000。物品保管每4個小時,時間超過追加基本額
₩2,000或₩3,000，最多為₩50,000。

乘車指南

首爾地鐵

月台	路線	目的地
上行	3號線	玉水、忠武路、鍾路3街、舊把撥、大化方向
下行		教大、南部巴士總站、水西、可樂市場、梧琴方向
上行	7號線	論峴、江南區廳、上鳳、道峰山、長岩方向
下行		梨水、大林、溫水、上洞、富平區廳方向
上行	9號線	新盤浦、銅雀、鷺梁津、金浦機場、開花方向
下行		砂平、新論峴、宣靖陵、三成中央、綜合運動場方向

周邊車站交通指南

地鐵

❶ 新沙站：3號線

欲前往新沙洞林蔭道，只要轉乘至新沙站從8號出口出
站，徒步約5分鐘即達，眾多特色服飾店和咖啡館讓你流
連忘返。

❷ 江南站：2號線、新盆唐線

位在2號線與新盆唐線交接的江南站，是最繁華的地
段，聚集相當多服飾店、美妝店，然後再轉向旁邊的小
巷子覓食。

機場巴士

要從高速巴士客運站往返機場也很容易，搭上6020及
6000號機場巴士就能往返仁川機場及金浦機場。

號碼	路線	公車站亭
6020	仁川機場 德黑蘭路	8-1與8-2出口中間江南高速巴士客運站候車亭(강남고속버스터미널)
N6000	仁川機場 江南高速巴士客運站	
N6002		
6000	金浦機場 蠶室站	8號出口與8-1出口中間的高速巴士客運站候車亭(고속버스터미널)

155

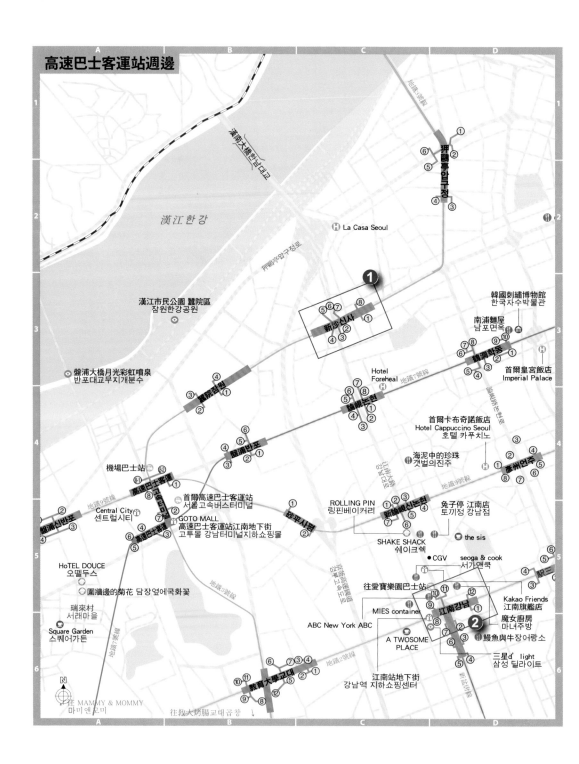

高速巴士客運站週邊

漢江한강

漢南大橋한남대교

La Casa Seoul

狎鷗亭狎鷗亭

韓國刺繡博物館
한국자수박물관

南浦麵屋
남포면옥

漢江市民公園 蠶院區
잠원한강공원

新沙신사

首爾皇宮飯店
Imperial Palace

韓洞학동

盤浦大橋月光彩虹噴泉
반포대교무지개분수

蠶院잠원

論峴논현

首爾卡布奇諾飯店
Hotel Cappuccino Seoul
호텔 카푸치노

Hotel
Foreheal

海泥中的珍珠
갯벌의진주

廣州廣州언주

盤浦반포

機場巴士站

高速巴士客運
地鐵9號線

Central City
센트럴시티

首爾高速巴士客運站
서울고속버스터미널

新論峴신논현

ROLLING PIN
링핀베이커리

兔子停 江南店
토끼정 강남점

盤浦新盤浦

高速巴士客運

GOTO MALL

高速巴士客運站江南地下街
고투몰 강남터미널지하쇼핑몰

蠶院蠶院

SHAKE SHACK
쉐이크쉑

the sis

HoTEL DOUCE
오뗄두스

CGV

seoga & cook
서가앤쿡

圍牆邊的菊花 담장옆에국화꽃

往愛寶樂園巴士站

Kakao Friends
江南旗艦店

江南강남

瑞來村
서래마을

MIES container

魔女廚房
마녀주방

Square Garden
스퀘어가든

ABC New York ABC

鰻魚與牛腸어랑소

A TWOSOME
PLACE

三星d' light
삼성 딜라이트

教育大學校교대

江南站地下街
강남역 지하쇼핑센터

N

往 MAMMY & MOMMY
마미앤모미

往教大烤腸교대곱창

認識首爾

行前準備

機場介紹

當地交通

主題旅遊

常見問題

高速巴士客運站周邊景點

匯集3條地鐵線的高速巴士客運站聚集人潮及買氣，地下街逛不完，漫步附近的歐風街道充滿悠閒氛圍。

🍽 GOTO MALL高速巴士客運站江南地下街
고투몰 강남터미널지하쇼핑몰

高速巴士客運站有地鐵3、7與9號線在此交會，範圍相當大，地鐵出口外整片都是地下商店街，於2012年修建完成並命名為GOTO MALL，綿延超過1公里，分為以年輕品牌為主的「GoTo Zone」和中高年齡者喜歡的「West Zone」兩大區，從吃的、穿的到住的，只要依循指標，都可以在這個廣大的地下迷宮找到。

🚇8號出口即達 🚶首爾市瑞草區新盤浦路200；서울 서초구 신반포로200 📞02-535-8182
🕙10:00~22:00 🌐www.gotomall.kr

👁 瑞來村
서래마을

在江南的瑞草區有一條瑞來路，早年因為住戶有許多是來自歐洲的新住民，鄰近逐漸出現許多風情咖啡廳、法式餐廳，加上當地的法國學校和歐州風建築，被形容為首爾的小法國。不過瑞來村距離地鐵站有點距離，步行也需要20分，建議可以轉乘社區巴士前往。

🚇高速巴士客運站5號出口徒步約20分；或轉搭社區巴士13號，車程約8分 🚶首爾市瑞草區瑞來路；서울 서초구 서래로

吃玩買

清涼里站

GOTO MALL高速巴士
客運站江南地下街
瑞來村
Square Garden
教大烤腸

☕ Square Garden
스퀘어가든

位在瑞來村街道內的小咖啡館Square Garden，是以手沖濾泡式咖啡而聞名，甚至還有獲選過最受歡迎的咖啡店獎項。店家堅持親自烘焙咖啡豆，狹窄的店內擺放著一台專業烘豆機，每次開始烘豆時咖啡香總會瀰漫在整間店，喜愛咖啡的人來到這裡別忘了來杯手沖咖啡。除了咖啡店內另有販售刨冰、冰沙等甜品。

🚇高速巴士客運站5號出口徒步約20分；或轉搭社區巴士13號，車程約8分 🚶首爾市瑞草區瑞來路5街26；서울 서초구 서래로5길26 📞070-8888-5959 🕙11:00~23:30、週日14:00~23:30 💲藍莓刨冰₩20,000、咖啡約₩5,000起

🍴 教大烤腸
교대곱창

還記得《一起吃飯吧2》男女主角曾到烤腸店一起享用早餐嗎？當然早餐時間吃烤腸略顯不生活化，但這家烤腸店的高人氣可是很真實的，用餐時間經常座無虛席，店內也掛著許多簽名和電視採訪圖。店內供應的綜合烤腸包含大腸、小腸、牛胃和牛心，加上洋蔥、杏鮑菇、及馬鈴薯，最後以牛胃炒飯作結，保證滿足。

🚇教大站8號出口徒步約5分 🚶首爾市瑞草區瑞草中央路79；서울 서초구 서초중앙로 79 📞02-3474-9167 🕙12:00-23:00 💲烤腸(곱창)₩22,000／一人份、大腸(대창)₩20,000／一人份

主題旅遊

首爾的流行趨勢瞬息萬變，第一次到首爾決不能錯過的必訪景點，必吃的韓國美食也幫你一網打盡，最新的潮流區域也列好清單，多加一個首爾近郊章節，讓你一訪再訪首爾也不厭煩！

文／墨刻編輯部
攝影／墨刻攝影組

塔上掛滿戀愛情人們的戀愛鎖

南山首爾塔

남산서울타워

　　N首爾塔原名南山塔，塔高236.7公尺，建在243公尺高的南山上，是韓國最早設立的電波塔。2005年整修後改名N首爾塔，不但有360°觀景台，還有旋轉餐廳等，是首爾當地人假日熱門去處，也是國際觀光客必訪的勝景之一。

🏠首爾市龍山區南山公園路105；서울 용산구 남산공원길105
⏰平日:12:00~22:00週末:11:00~22:00(全年無休)
💲₩21,000(全票/兒童)
🌐www.nseoultower.com/eng/index.asp

如何登上南山

　　如果不想花腳力登上南山，可以選擇先搭乘南山玻璃扶梯上山再轉乘南山纜車，不但節省許多體力，俯瞰明洞地區的視野也很棒。

南山玻璃扶梯

🏠首爾市中區會賢洞2街；서울 중구 회현동 2가 ⏰9:00~23:00 🔧週一9:00~14:00
💲免費

南山纜車남산케이블카

🏠首爾市中區小波路83；서울 중구 소파로83 ⏰週日~四10:00~23:00，週五~日、假日視情況延長時間 💲全票：₩15,000（往返）/₩11,000（單趟），兒童:₩11,500(往返)/₩9000(單趟) 🌐www.cablecar.co.kr/chn

南山公園

남산공원

　　韓國之所以選定首爾為首都，就是因為它北有北漢山、南有南山圍繞的易守地理條件。標高265公尺的南山，過去擔負著李氏朝鮮時代防衛首都的重責，現在仍以鎮守皇宮之姿昂然聳立著。公園的西側有植物園；東側則有獎忠壇公園；山頂有N首爾塔。《Running Man》、《來自星星的你》、《花遊記》多部韓綜、韓劇都在此取景。

🏠首爾市中區小波路46；서울 중구 소파로46

COEX MALL
코엑스몰

COEX韓國國際會議展覽中心於2000年5月啟用，擁有展覽中心、會議中心、亞歐高峰大廈、貿易會館、飯店等設施，以及號稱全亞洲最大的COEX MALL。

COEX MALL是集購物、娛樂、文化等各種設施於一體的綜合娛樂休閒空間。這兒擁有各式各樣服飾和禮品，並有大型電影院、書店、音響店等，並有一間具世界級規模的海洋主題公園。

🏠首爾市江南區永東大路513；서울 강남구 영동대로 513
🕐約11:00~22:00(各店不一)　🌐www.coex.co.kr

星之芳庭圖書館
별마당 도서관

占據COEXB1至1樓的星之芳庭圖書館，是首座進駐百貨的圖書館，採用木材作為裝潢基調，從多面大窗讓陽光照射進來的極佳採光設計，讓人充分擁有在時尚文藝空間中閱讀的氛圍。館內擁有50,000多本藏書及雜誌供讀者免費閱讀，還可使用iPad閱讀電子版本。

🏠COEX MALL B1~1樓　🕐10:00~22:00

星之芳庭是首爾第一間開在百貨商場裡的圖書館。

café MAMAS

café MAMAS必點起司生菜沙拉，以及有多種口味的帕尼尼，生菜沙拉的醬汁清爽，連不喜歡吃生菜的人都會喜歡，帕尼尼的口味眾多，可依自己的喜好做搭配。

🏠COEX MALL B1F
🕐週一～五7:30~22:00、週六~日9:00~22:00
ⓈRicotta起司沙拉(리코타 치즈 샐러드)₩13,900、莫札瑞拉起司番茄帕尼尼(모짜렐라 토마토 파니니)₩9,800

沙拉也是店內人氣招牌

SMTOWN@coexartium

位在COEX MALL旁的SMTOWN@coexartium是SM經紀公司所開設的複合式商店，共6層樓的空間販售旗下藝人周邊商品、並規畫各種互動設施和展演。店內分為周邊商品販售樓層、體驗樓層及咖啡廳。

🏠COEX MALL旁　🕐11:00~22:00

161

朝鮮王朝正宮宏大且壯麗，也是韓國古裝劇熱門取景地。

景福宮

경복궁

　　景福宮是朝鮮王朝始祖李成桂建設的正式皇宮，西元1592年壬辰之亂時被燒毀了大部分，直到1865年，當時的皇帝高宗的親生父親興宣大院君為了重振王朝威權，於是決定進行重建。不幸的是，重建後的景福宮在日本殖民統治期再度毀壞。為了破壞景福宮的靈氣，日軍還在正殿勤政殿裡蓋了棟西式建築(現在的國立古宮博物館)，作為朝鮮總督府的辦公大樓。直到1994年為了慶祝首爾建都600年，韓國政府又開始進行整修，時值今日仍持續在進行中。

🏯 首爾市鍾路區三清路37；서울 종로구 삼청로 37

🕐 1~2月和11~12月9:00~17:00，3~5月和9~10月9:00~18:00，6~8月9:00~18:30(售票至關門1小時)；每日9:30、11:00、13:30、15:00、16:30有中文導覽，至興禮門內景福宮諮詢處前出發，需時60~90分，中文預約專線02-723-4268

💲 外國人全票₩3,000、優待票₩1,500(可參觀國立古宮博物館、國立民俗博物館)；四大宮(景福宮、昌德宮、昌慶宮、德壽宮)與宗廟的聯票₩10,000，購買後效期為1個月，在四大宮及宗廟的售票處皆可購買

🈲 週二 🌐 www.royalpalace.go.kr

> ## 景福宮還可以看這些！

國立古宮博物館

국립고궁박물관

國立古宮博物館保存並展示著包含景福宮、昌德宮、昌慶宮、德壽宮和慶熙宮等五大宮的王朝遺物計共20,000多件。

🕐 週一~五9:00~18:00、週六、日和國定假日9:00~19:00(售票至關門前1小時)，每日10:30、14:00有中文導覽 🈲 週一 💲 免費 🌐 www.gogung.go.kr

國立民俗博物館

국립민속박물관

位於景福宮東北方的國立民俗博物館，外觀為韓國傳統的木塔建築，館內共分3個展示室，以韓國傳統生活文化為主題，包括建築、服飾、農耕、信仰生活等。

🕐 3~5月和9~10月9:00~18:00、6~8月9:00~18:30，11~2月9:00~17:00、5~8月週六~日和國定假日9:00~19:00(售票至關門前1小時) 🈲 週二、1月1日 💲 免費 🌐 www.nfm.go.kr

光化門

광화문

景福宮正門的光化門，在1922年日本殖民時期曾計畫遷移損毀此門，並在1970年回歸到現在位於世宗路上的原跡。由於韓國早期深受漢文和儒學文化的影響，景福宮在宮殿、寺廟上匾額題字也都是以漢文來寫。

古代兩班貴族的聚集地，百年老韓屋櫛比鱗次，是首爾最有古味的地方。

北村韓屋村

북촌한옥마을

　　首爾作為韓國的首都已有600多年歷史，為了保存傳統遺產和文化，將位在北村的韓國傳統建築規畫為保護區指定為「韓屋村」。

　　這些巷弄裡的韓屋約有900多間，少説也有40~50年的歷史，更悠久的可追溯到100多年前，大部份還都有人居住，保存較良好的改建為博物館、民宿、工藝館、餐廳等，吸引遊客來此參觀。

　首爾市鍾路區三清洞一帶

認識首爾

行前準備

機場介紹

當地交通

主題旅遊

常見問題

精選北村美景

北村第1景

位於昌德宮西邊，能遠眺昌德宮景色。

北村第4景

站在嘉會洞31番地的最高點，層層黑瓦正是北村最經典的畫面。

> 遠方的高樓與傳統韓屋村，對比出一幅衝突美感的畫面。

北村8景

　　刻畫著首爾600年歷史的北村，巷弄中都藏有令人讚嘆的風情，為了讓觀光客了解北村之美，當地特地選出8個最具代表性的地點，合稱「北村8景」，並貼心地點出了最佳拍照點，讓每個人都可以輕易分享北村獨特的綺麗風光。

　首爾市鍾路區三清洞　　週一~六10:00~17:00　　免費
　北村目前仍是住宅區，前往參觀時請降低音量，勿喧鬧。

北村第8景

北村與三清洞之間有幾處石階路，也是北村的特色景觀之一，徒步而下即能到達三清洞。

韓國的生命河流，一年四季在江邊都有精彩的活動！

漢江公園
한강공원

漢江是韓國的主要河流，其將首爾市畫分為南、北，為連接南北區域，在漢江上更有近10條跨江大橋，為了一窺漢江的美麗景色，在江邊沿岸打造了不同特色的漢江公園，以廣津為首自蠶室、纛島、蠶院、盤浦、二村、汝矣島、楊花、望遠、仙遊島、蘭芝及江西等12座公園。

漢江沿岸　hangang.seoul.go.kr

每到初春或初夏，漢江公園便是韓國市民野餐散步的好去處。

汝矣島漢江公園
여의도 한강공원

長達40公里的漢江沿岸，共有12處漢江市民公園，其中就以汝矣島漢江公園最容易親近。總長跨越3座大橋，有個身兼咖啡館與聲光表演場地的水上舞台、運動場地和可戲水的水色廣場、水上樂園，江邊渡船頭可搭乘漢江遊船一覽美景。

首爾市永登浦區汝矣島路330；서울 영등포구 여의동로330

纛島漢江公園
뚝섬한강공원

原為江邊遊樂場的纛島漢江公園，可以享受各種設施，夏季玩滑水、水上摩托車等活動，冬季有雪橇場及溜冰場，可以到一旁的便利商店買點東西到江邊野餐。位在3號出口長約240公尺的「尺蠖瞭望台」，為纛島漢江公園最大地標，瞭望台內結合藝術、文化、休憩等展示空間。

首爾市廣津區江邊北路139；서울 광진구 강변북로139　游泳池：7~8月9:00~19:00，尺蠖瞭望台：3~10月10:00~00:00，11~2月10:00~23:00，2F免費圖書館：10:00~18:00　腳踏車租借1小時₩3,000起，游泳池19歲以上₩5,000、13~18歲₩4,000、6~12歲₩3,000

Knowledge Supply
一定找到你！神奇的食物外送文化

在韓國路上鮮少看到摩托車，大多為餐廳外送人員會騎著車在大街小巷穿梭，外送的食物以中式的炸醬麵、糖醋肉，或是炸雞和披薩為大宗。以前的韓國外送大多只送到住家、公司或學校等固定地點，現在已進階到在首爾各處都可以送達，像是在漢江公園賞花、某個籃球場，甚至在演唱會場外也可以點外送，神奇的外送大叔總是找得到地方，將食物熱騰騰得送到你手上。

四季呈現不同樣貌的戶外景觀咖啡廳。

認識首爾

行前準備

機場介紹

當地交通

主題旅遊

常見問題

星巴克 北漢山店

스타벅스 더북한산점카페

　　北漢山國是首爾唯一的國家公園，離市中心不遠，可以坐地 可到，小溪與山峰穿插在岩花崗石峰間，以四季如畫聞名，若是不想要花時間爬山賞景，「星巴克 北漢山店」便是最好的選擇。咖啡廳位於北漢山旁，在幽靜的自然裡環境中，打造了整棟的休閒空間。最受歡迎的打卡點，就是屋頂的天台區，，位於高處，背景便是遼闊的北漢山景。

🏠 首爾恩平區大西門街24-11；서울 은평구 대서문길 24-11
⏰ 08:00~20:00(周末07:00~21:00)
📞 1522-3232　💲 美式咖啡₩4,500依現場價格

假日時人多建議可以下午2點到 4 點以免在現場等較久時間，上午或是晚餐前人潮較較為稀少的時段，尤其黃昏前能觀賞絕美日落與山景！

咖啡瀑布

카페 폭포

　　在韓旅遊時間較短，想看美景但不想花太多時間在交通路程上的旅客，歡迎來到位於西大門區白蓮山南側的山腳的「咖啡瀑布」，此咖啡廳原是在地居民才知道的小眾景點，但近一兩年因社群平台介紹而爆紅，身在城市水泥環境之中，政府特別打造依山傍水的人工瀑布，讓市民可以在忙碌的生活中放鬆休息啵，飲咖啡享受寧靜時光。

⏰ 11:00~19:00　❌ 周一　📞 02-330-4998
🏠 首爾特別市西大門區延禧路262-24；서울 서대문구 연희로262-24
💲 美式咖啡₩4,000，拿鐵₩4,500

烤肉是韓國人聚餐首選之一，在烤肉香中度過人生的喜怒哀樂。

\烤五花肉、烤韓牛、烤腸/

新村站

喜來稀肉

서래갈매기

　　韓劇《太陽的後裔》中主角們要喝到三天三夜的烤肉店，就是著名的連鎖烤肉餐廳——喜來海鷗，不過劇組是在鄰近慶熙大學的回基本店拍攝，如果想近市區的話推薦新村這家分店。海鷗肉並不是指天上飛的海鷗，而是豬橫隔膜肉、護心肉或稱作肝連，推薦可點綜合拼盤，另外也還有個別拼盤可選擇，須注意的是，一盤就是兩人的份量及價格，也就是説如要點兩人份，只要和店員説點一盤就好，別不小心點到兩盤。

推薦綜合拼盤可以吃到4種不同的口感！

喜來稀肉：🏠首爾城東區磨造路三街27；서울 성동구 마조로3나길 27 🕐17:00~24:00 💲海鷗肉(갈매기살)400g₩20,000，五花肉400g₩20,000

新村站

新村黃牛烤腸

신촌황소곱창

　　有著60年以上的歷史，是首爾遠近馳名的烤腸餐廳，新鮮的烤腸灑上帶勁的大量胡椒粉，令人回味無窮，建議一定要加上肥軟的大腸，烈火逼出油質，讓烤腸煎至金黃微焦，再搭配生菜吃解油膩爽口，是韓國人公認的美味下酒菜。

新村黃牛烤腸：📞0507-1414-25640 🏠首爾特別市西大門區延世路9街31；서울 서대문구 연세로9길 31 🕐14:00~02:00 💲烤腸(一人份)₩21,000，大腸(一人份)₩22,000

新沙站

NanJang帳篷

난장캠프

美味食物也曾於當紅團體防彈少年團的節目介紹過

　　NanJang帳篷在室內重現草坪上的造型露營小板凳和椅子，店內提供三種套餐，A特餐是韓牛里脊肉、五花肉、豬頸肉、大蝦、雞肉串、鳳梨蔬菜串、香腸以及一小鍋泡菜湯或大醬湯；B特餐是五花肉、豬頸肉、雞肉串、香腸、豬肋骨、LA醃牛排、鳳梨蔬菜串和一小鍋泡菜湯或大醬湯；C特餐是五花肉、豬頸肉、大蝦、雞肉串、香腸、燒烤魷魚和鳳梨蔬菜串。

NanJang帳篷：📞02-3443-6466 🏠首爾市江南區江南大路158街27；서울 강남구 강남대로158길27 🕐16:00~01:00 💲五花肉180g₩15,000，套餐A₩140,000，套餐B ₩130,000

新沙站

告白

고백

　　「告白」位於著名的東大門批發市場附近，因為美味又是24小時營業，是許多批發客與當地店家推薦的美食名店，常常可見半夜依然高朋滿座，店鋪提供的新鮮厚實的五花肉與軟嫩的雪花牛是人氣招牌。如果避開半夜用餐尖峰時間，店家還提供幫客人烤肉的服務，經過店員烤出的五花肉肥而不膩，加上生菜與泡菜更是一絕，雪花牛肉也是店內必點菜單，這部位的肉質嫩滑多汁，脂肪含量較高，帶有豐富的油脂香味，沾上店家秘製的甜味醬油，讓人欲罷不能。

告白：📞0507-1362-3605 🏠首爾中區茶山路三五街22；서울 중구 다산로35길 22 🕐00:00~24:00 (15:00~17:00休息時間) 💲五花肉(一人份)₩18,000韓幣，雪花牛肉(一人份)₩27,000

認識首爾
行前準備
機場介紹
當地交通
主題旅遊
常見問題

三成站

極品黑牛來自於老闆濟州自家牧場飼養的新鮮黑牛。

Bo Reum Soei

보름쇠

對於熱愛吃牛肉的韓國而言，要在當地吃到韓國牛肉並不稀奇，但要吃到濟州島直送生產的黑牛可就不是隨處可見了。首爾米其林一星的燒烤餐廳Bo Reum Soei，以新鮮高品質的燒烤黑牛聞名，從生產、養殖至運送皆不過他人之手，以一條龍生產模式，將自家牧場的新鮮黑牛空運直送至餐廳，並將稀有的牛肉食材鮮切以各部位分類，配合人們不同的飲食需求，品嘗現烤現吃、最高規格的黑牛款待。

Bo Reum Soei：☎0507-1473-9968 ⌂首爾江南區德黑蘭路八街36；서울 강남구 테헤란로81길 36 ◔11:00~22:00（15:00~17:00休息時間）⑤特選拼盤（一份）₩61000，特選里肌肉（一份）₩61000 ⓣboreumsoei.modoo.at

狎鷗亭羅德奧站

刀五花肉

행복추풍령칼삼겹살

位在狎鷗亭的這間烤肉店，主打高級的肉質和服務，點完餐後店員會來協助烤肉，還會不時囑咐不要自己烤，當你一口吃下的時候，也只能頻頻點頭認同這樣的價格。店內的肉品菜單有招牌刀五花肉、香草五花肉、咖哩五花肉，另可單刀削麵、泡菜鍋等，吃完飯後不妨來碗冷麵解解膩，也是最道地吃法！

刀五花肉：☎02-518-9996 ⌂首爾市江南區島山大路51街41；서울 강남구 도산대로51길 41 ◔17:00~23:00 ⑤招牌刀五花肉₩17,000，泡菜湯₩6,000

厚實的五花肉入口即化，瞬間受到幸福。

點菜手指韓文

我們共兩個人。
저희는 두 사람 입니다. / 두 명이에요.
jeo-hi-neun du sa-ram ip-ni-da./du myeong-i-e-yo.
請給我___。（不管是購物、點餐，都很好用。）
___주세요. ___ju-se-yo.
請給我水。
물 좀 주세요. mool jom joo-se-yo.
請給我兩人份的牛小排。
갈비 2인분 주세요. gal-bi dt-in-bun ju-se-yo
請問這個素食的人也可以吃嗎？
이건 채식주의자도 먹을 수 있어요?
i-geon chae-sik-ju-i-ja-do mok-eul su i-sso-yo?
請煮成不辣的。
안맵게 해주세요. an-maep-ge hae-ju-se-yo.
是否有不含牛肉的料理？
소고기 없은 요리가 있어요?
so-go-gi eob-seun yo-ri-ga i-sso-yo?
可以再給我一點泡菜嗎？
김치 좀 더 주실 수 있으세요?
kim-chi jom deo ju-sil su i-sso-yo?
太辣了。
이것은 너무 매워요. i-geo-seun no-mu mae-wo-yo.
請幫我打包。
포장해 주세요. po-jang-hae ju-se-yo.
請埋單。
계산 부탁합니다. / 계산해 주세요.
gye-san bu-tak-khap-ni-da./gye-san-nhae ju-se-yo.

料理單字

豬肉	韓牛	飲料
돼지 고기	**한우**	**음료수**
dwae-ji-go-gi	ha-noo	eum-ryo-su
五花肉	牛小排	冰塊
삼겹살	**소갈비**	**얼음**
sam-gyeop-sal	so-gal-bi	eol-eum
豬肋排	牛五花	柚子茶
돼지갈비	**우삼겹**	**유자차**
dwae-ji-gal-bi	woo-sam-gyup	yu-ja-cha
豬橫隔膜肉	小菜	汽水
갈매기살	**반찬**	**사이다**
gal-mae-gi-ssal	ban-chan	sa-i-da
豬頸肉	泡菜鍋	可樂
목살	**김치찌개**	**콜라**
mok-ssal	gim-chi-jji-gae	kol-ra
豬皮	冷麵	燒酒
돼지껍데기	**냉면**	**소주**
dwae-ji-ggeop-dde-gi	naeng-myeon	so-ju
里脊肉	煎餅	米酒
등심	**부침개**	**막걸리**
deung-shim	bu-chim-gae	mak-geol-ri
梅花肉	紫菜捲	啤酒
항정살	**김밥**	**맥주**
hang-jeong-ssal	gim-bap	maek-ju
牛肉	白飯	菜單
소고기	**공기밥**	**메뉴판**
so-go-gi	gong-gi-bap	men-yu-pan

別說台灣人愛吃鍋，韓國人也愛！把熱湯用鐵鍋承裝，湯頭濃郁超下飯！

\部隊鍋、豆腐鍋、各種鍋/

新沙洞

金北順大鍋家

김북순큰난비

泡菜鍋份量十足、用料實在！

隱藏在新沙巷弄內的金北順大鍋家，是韓星最喜愛的傳統泡菜鍋，一踏入店內會先被牆上滿滿的簽名鍋蓋給驚嘆不已，金北順大鍋家的泡菜鍋皆提供一人份起，使用傳統銅鍋來盛裝，招牌豬頸肉泡菜鍋內滿滿的豬頸肉分量很足，口感入味充滿嚼勁，難怪EXO的世勳等韓星都大力推薦。

金北順大鍋家：☎02-543-9024 ⌂首爾市江南區狎鷗亭路2街15；서울 강남구 압구정로2길15 ◷10:30~21:30，週六至21:00 ㉻週日 ⑤豬頸肉泡菜鍋₩10,000

狎鷗亭羅德奧站

清潭嫩豆腐湯

청담순두부

位在巷子內的「清潭嫩豆腐湯」菜單以清淡的水豆腐為主，並與海鮮、牛腸、起司、火腿、泡菜、水餃和韓國大醬等食材結合。就座後桌上放著一籃生土雞蛋，在享用豆腐鍋前可以將雞蛋打入鍋中，增加濃郁蛋香。這家店也是許多偶像明星愛店之一，像是少女時代、CNBLUE、2PM、AOA等都是常客。

清潭嫩豆腐湯：☎02-545-4840 ⌂首爾江南區島山大路五三街19；서울 강남구 도산대로53길 19 ◷08:00~22:00 ⑤海鮮嫩豆腐₩13,000，火腿嫩豆腐₩13,000

新村店

好吃的嫩豆腐與燉泡菜

맛있는순두부앤김치찜

這是一家位於新村的留學生愛店，店內提供十餘種不同口味的嫩豆腐湯，經典的海鮮嫩豆腐湯、牛肉嫩豆腐湯之外，還有香菇嫩豆腐湯與鮮蚵嫩豆腐湯等等，鮮嫩又營養的豆腐加上店裡醃製兩年以上的陳年泡菜，略帶酸味十分開胃。

該店十分特別的是桌上都放了生雞蛋和紫菜，等豆腐鍋一上桌就趁熱打入雞蛋，等待一點時間後撈出半熟雞蛋拌入飯中，再撒上香酥紫菜，配上可無限續點的小菜，是韓國留學生必推的吃法之一。

好吃的嫩豆腐與燉泡菜：☎02-363-9991 ⌂首爾西大門區名物路36；서울 서대문구 명물길 36 ◷00:00~24:00 ⑤海鮮嫩豆腐₩8,800韓幣，招牌嫩豆腐₩8,800

合井站

合井豬肉泡菜鍋

합정생고기김치찌개

合井豬肉泡菜鍋位於合井站和上水站之間，供應泡菜豬肉鍋。其實這種需要點幾人份的店家，不一定要依人數點，只要是兩人以上，依食量折衷即可，例如四人的話可點三人份，加一道起司蛋捲。鍋內的豬肉相當入味，起司蛋捲非常牽絲又美味，很推薦。

合井豬肉泡菜鍋：☎02-334-8895 ⌂首爾市麻浦區獨幕路49；서울 마포구 독막로 49 ◷24小時 ⑤泡菜鍋₩9,000

認識首爾

行前準備

機場介紹

當地交通

主題旅遊

常見問題

鍾路3街站

豬肉香菇韭菜大醬湯拌飯讓人相當飽足。

益善洞121
익선동121

前身是小酒館的益善洞121，就像是為了珍藏只有在益善洞才有的美好時光，保留過去留下的塗鴉和報紙痕跡，降低音樂的音量，給予靜謐的用餐空間。這裡提供由新鮮材料特製的咖哩，尤其點兩種口味的半半雙色咖哩非常有人氣，有番茄雞咖哩和牛肉香菇咖哩等選擇。

益善洞121：☎02-765-0121 ⌂首爾市鍾路區水標路11街30；서울 종로구 돈화문로11나길 30 ⊘週一～五11:00~22:00、週六～日11:00~20:00 ✕16:00~17:00 ⑤豬肉大醬湯套餐₩15,000，半半雙色咖哩(반반카레)₩15,000

筷子、湯匙不要一起拿

在首爾用餐時不要將筷子和湯匙同時拿在手中，飯碗也不能拿在手上，韓國人習慣將筷子用來夾菜，湯匙用來舀湯、吃飯，如要夾菜再把手中湯匙放下，改拿筷子。

弘大入口站

小份馬鈴薯湯有滿滿的泡菜、馬鈴薯和超大的排骨。

東大門站

煮沸後在鍋中加入蒜末、泡菜和調味醬，辣得過癮！

陳玉華奶奶一隻雞
진옥화할매원조닭한마리

從1978年開店至今，陳玉華一隻雞店的雞湯是以老雞搭配中藥材熬煮，但食用的雞肉選擇出生僅35天的幼雞，肉質鮮嫩雞湯味美。「一隻雞」端上桌後先在桌爐上熬煮，再把附上的年糕放入湯中一起煮個5~10分鐘，喜歡吃原味的人，此時就可以吃雞和年糕了；最後可以再加入手工麵條，連同美味的湯頭一起品嘗。

陳玉華奶奶一隻雞：☎02-2275-9666 ⌂首爾市鍾路區鍾路40路街18；서울 종로구 종로40가길 18 ⊘10:30~00:30 ⑤一隻雞(닭한마리)₩30,000、麵條₩2,000 ⊕www.darkhanmari.co.kr

洪班長
홍반장신의주찹쌀순대 마포구청점

位在麻浦區散步步道旁的「洪班長」，店內招牌血腸湯飯，是將大腸內灌進豬血及冬粉，有時會加入蔬菜等，如果擔心味道較重無法習慣血腸的味道，也可以換點馬鈴薯湯，份量分為大、中、小份。一個人來用餐也可以點豬肉湯飯(돼지국밥)、餃子湯(만두국)，或是帶點辣味的解酒湯(해장국)。

洪班長：☎02-304-6464 ⌂首爾麻浦區世界盃路1901樓；서울 마포구 월드컵로 190 1층 ⊘00:00~24:00 ⑤血腸湯₩9,000，排骨解酒湯₩10,000

韓國咖啡融入當地生活，工業風、明星開店、人氣打卡景點一次報你知！

\首爾咖啡地圖/

景福宮站

MAISON OUVERT

메종오버트서울

　「MAISON OUVERT」是近年來受首爾年輕人歡迎的咖啡店，在首爾有幾間分店，全棟的建築空間寬敞，主打簡約時尚的風格，附近環境清幽舒適，採光極佳的窗邊位置是拍照的熱門座位需要提早佔位，位於西村的這分店最吸引人的是比臉還大的超大可頌，每天數量有限建議提早預約，可頌酥鬆美味，一端上桌就香氣四溢。

MAISON OUVERT ⏰10:00~21:00
☎070-4151-0035 🏠首爾鍾路區弼雲大路5街5B1、1、2樓；서울 종로구 필운대로5나길 2 B1, 1, 2층 💲拿鐵₩5,500、冰美式₩5,500，巨大可頌₩39,000

安國站

倫敦貝果博物館安國店

London Bagel Museum 런던베이글뮤지엄 안국점

　「London Bagel Museum」火爆的的程度可以説在首爾無人不知無人不曉了，少女時代潤娥和秀英、Tiffany、TWICE志效等大牌韓國明星打卡後更是一位難求，就算是平日早上也須排隊一兩個小時以上才能進

店，店內販售十幾種口味的貝果令人眼花撩亂，而「蔥奶油貝果」是店內必點的招牌菜單，香軟卻有嚼勁的貝果搭配上奶油乳酪內餡，夾入洋蔥與青蔥，常常開店就會被搶購完，白芝麻甜味貝果也是推薦菜單之一，滿滿白芝麻的貝果淋上蜂蜜，香甜可口，是韓國女生十分喜愛的口味之一。

倫敦貝果博物館安國店: ☎02-499-1112 🏠首爾市城東區聖水1路7街39；서울 성동구 성수이로 7길 39 ⏰週一～五8:00~22:00、週六～日10:00~22:00

上水站

Rooftop urban beach

루프탑어반비치바

　位在弘大與上水站之間，隱身在建築之中，是小眾私房景點，咖啡聽故有兩層，第一層是海灘造景，直接把沙灘與綠植搬入店中，休閒氣氛滿滿，屋頂則是露天天台，晚上搖身一便成戶外酒吧，適合餐後小酌。

Rooftop urban beach ⏰17:00~24:00(週六日至01:00)
☎0507-1306-2672 🏠首爾麻浦區獨幕路9街386樓；서울 마포구 독막로9길 38 6층 💲各類咖啡約₩8,000，調酒約₩20,000

鍾路三街站

樂園站

낙원역

　樂園站位於益善洞，整體建築是傳統韓式建築，但加上透明玻璃後採光明亮，中堅庭院走道設計成舊時鐵路，十分符合咖啡名稱，店內特色還有點心轉盤，精緻美味的點心在轉盤上展示，更加具有童趣。

樂園站: ⏰11:30~22:30 ☎02-763-1112 🏠首爾鍾路區水標路28街33-5；서울 종로구 수표로28길 33-5 💲各類咖啡約₩7,000，點心₩8,000

主題美食 ★★★

涼爽的啤酒配上外脆肉嫩又多汁的韓式炸雞，就是爽快！

最療癒的國民美食：치맥！(炸雞&啤酒)

弘大入口站

KyoChon橋村炸雞
교촌치킨

橋村炸雞除了請來偶像團體代言功不可沒外，其炸雞的美味程度更是令人拍案叫絕，韓式炸雞與美式炸雞或台式鹽酥雞不同於，韓式喜歡加上調味醬料。橋村除了原味炸雞，賣得最好的就是香辣炸雞，辣醬是以韓國國產青陽辣椒特調而成，甜香帶辣的刺激感，一口咬下是柔嫩的雞肉，實在令人再三吮指回味。另一種蜂蜜炸雞也是人氣單品，如有不能吃辣的人可點此款品嘗，另外黃金炸薯塊(교촌웨지감자)也是不錯的選擇。

KyoChon橋村炸雞：☎02-338-1300　🏠首爾市麻浦區楊花路16街6；서울 마포구 양화로16길 6　🕐12:00~2:00　💲原味(교촌오리지날)、蜂蜜香甜(교촌허니)炸雞₩19,000，香辣(교촌레드)，無骨炸雞(교촌살살)₩16,000，口味組合₩19,000　🌐www.kyochon.com　**其他分店**：在東大門、建大皆有分店

韓式炸雞特點之一就是多汁，令人吮指回味！

合井站

最推薦熱門的脆皮炸雞！

BBQ炸雞

BBQ炸雞是韓式炸雞連鎖店冠軍，主打用100%的橄欖油現炸，排行榜第一名是糖醋雞胸肉，但大部分台灣人都認為沒有台灣的糖醋好吃，因此最推薦的是點一半脆皮炸雞和一半醬料炸雞，也就是「黃金橄欖油炸雞(半半)」，兩種口味都能品嘗到，相當划算。

BBQ炸雞：☎02-3141-9276　🏠首爾市麻浦區楊花路8街5；서울 마포구 양화로8길5　🕐11:00~23:30　💲黃金橄欖油炸雞(황금올리브치킨)₩21,000，蒜味炸雞(바삭갈릭)₩22,000　🌐www.bbq.co.kr　**其他分店**：在明洞、弘大皆有分店

望遠站

炸雞一杯裝得滿滿的，還有贈送超Q的年糕。

QS炸雞
큐스닭강정 치킨

距弘大徒步約20分鐘路程的望遠市場，是當地民眾買菜和覓食的小市場，市場裡有名的炸雞店「QS炸雞」，有6種口味炸雞，一口大小剛好可以邊逛邊吃。口味有香辣（깐풍）、甜辣（매콤）、甜味（달콤）、水果（과일）、起司黃芥末（치즈머스타드）、白醬（화이트크림）等。

QS炸雞：☎02-3143-5577　🏠首爾麻浦區望遠路八街27；서울 마포구 망원로8길 27　🕐10:00~20:30　💲炸雞一隻₩16,000，炸雞小杯₩4,000

明洞齊聚韓國各大美妝品牌，店家必備中文服務人員，怕語言不通的話，把這裡當成第一站吧！

明洞

명동 MYEONGDONG

明洞餃子

명동교자

明洞餃子於1966年開幕，是米其林推薦的名店，一進到店裡就能看到大片的名人簽名與合照，連韓國總統都曾蒞臨品嘗，店裡招牌是韓國傳統麵料理的刀切麵，濃郁味美的高湯與嚼勁十足的麵條是最佳組合，湯麵上還放上特製的餃子增添湯麵層次，是明洞餃子可以在明洞一級戰區還能夠多年屹立不搖的秘訣，紮實餡料的薄皮蒸餃也是人氣菜單，來到明洞必定來試試才不枉此行。

🕙10:30~21:00 ☎0507-1366-5348 🏠首爾中區明洞10路29；서울 중구 명동10길 29 💲明洞餃子₩12,000、刀切麵₩10,000

新世界百貨 總店

신세계백화점 본점

在首爾彷彿到處看得到新世界百貨公司，但介於南大門市場、南山與明洞之間的這間可是獨一無二的總店！前身曾經是1930年開業的日本三越百貨京城分店，擁有悠久的歷史與傳統，爾後改頭換面成為流行的先鋒，國際名牌雲集。另設有室外花園和藝廊餐廳，把時尚與文化完美結合。

☎02-1588-1234 🏠首爾市中區退溪路77；서울 중구 퇴계로 77 🕙週日~四10:30~20:00、週五~六10:30~20:30 🈺每月一次(不定休) 🆔www.shinsegae.com/store/main.jsp?storeCode=D01

Olive Young明洞本店

올리브영

韓國的Olive Young就像台灣的屈臣氏或康是美，保養品、彩妝、生活雜貨應有盡有，在首爾市區更有數百家分店。位在美妝一級戰區明洞的「Olive Young明洞本店」，兩層樓的明亮建築更是泰國、日本觀光客的最愛，早上還沒開店已有人在外面等著，最推薦搜刮保養品和面膜產品，位在二樓還有歐美彩妝可以試用。

2樓有各式歐美彩妝也直接擺放開架讓你盡情試用！

☎07-736-5290 🏠首爾市中區明洞路53；서울 중구 명동길 53 🕙10:00~22:30 🆔www.oliveyoung.co.kr

魚板湯

辣炒年糕

濟州黑豬肉BBQ

明洞夜市小吃

每天下午大概4點左右，明洞商圈街上會陸續眾多小吃攤，這些小吃都極具當地特色，而且價格不貴，分量也適中，可以一攤接著一攤吃到多種美味，跟在台灣逛夜市的感覺很像。

韓流聖地

從安國站1號出口出站可先往三清洞方向遊逛，接著往仁寺洞走，做一天的舊區旅行。

認識首爾

行前準備

機場介紹

當地交通

主題旅遊

常見問題

三清洞・仁寺洞

삼청동・인사동　SAMCHEONGDONG・INSADONG

昌德宮

창덕궁

隨著自然地形來搭建的昌德宮，總面積廣達13萬多坪，古意盎然的宮殿建築和傳統造景的後苑都韻味雋永，為朝鮮時期宮殿中保存最完美的一座。目前開放參觀分為宮殿與後苑兩部分，後苑一定要跟隨導覽人員才能入內。

☎02-762-8261　🏠首爾市鍾路區栗谷路99；서울 종로구 율곡로99　🕐2~5月及9~10月9:00~18:00、6~8月9:00~18:30、11~1月9:00~17:30(售票至關門前1小時)，中文導覽時間10:00、16:00，需約60分；後苑導覽時間12:30，需約90分　🚫週一　💲全票₩3,000、優待票₩1,500；欲參加後苑導覽需加購後苑全票₩5,000、優待票₩2,500、6歲以下免費；四大宮(景福宮、昌德宮、昌慶宮、德壽宮)與宗廟的聯票₩10,000，效期為3個月，在四大宮及宗廟的售票處皆可購買　🌐www.cdg.go.kr

後苑的松樹、銀杏、楓葉隨四季改變顏色。

毫不起眼的胡同內保存建造於1920年代的韓屋。

巷弄內老舊的招牌也很有氣氛。

益善洞

익선동

益善洞位在鍾路3街站附近的巷弄，齊聚多間改建韓屋的特色風格咖啡館、茶館和餐廳，在這麼容易被忽略的小巷，卻是韓國人的隱藏版約會勝地，平日中午時分就有非常多的上班族前來用餐，假日人潮更是絡繹不絕。

🏠首爾市鍾路區益善洞；서울 종로구 익선동

從2樓漫步到樓頂。

隨著迴旋狀的樓層可以

人人廣場

쌈지길

這棟由Ssamzie服飾公司規畫、韓國建築師崔文奎設計的商場，從建築物外觀到小細節的設計，都十分講究又別具童趣。建築物樓層分部為B1樓至4樓頂樓，2016年在建築物中新闢一處遊樂場(놀이뚱산)，區域至3樓至5樓，超長的溜滑梯好玩又刺激！

☎02-736-0088　🏠首爾市鍾路區仁寺洞街44；서울 종로구 인사동길44　🕐10:30~20:30　🚫農曆新年、中秋節當日　🌐www.ssamzigil.com

蔥是拉麵的最佳夥伴！

免費供應的泡菜、黃蘿

三淑拉麵

삼숙이라면

跟著國名主廚白鐘元吃道地的巷弄隱藏美食！拉麵是韓國人引以為傲的美食之一，這間位在仁寺洞散步街小巷內的「三淑拉麵」更是將拉麵提升為主角，加入食材配料做成份量十足的風味拉麵。韓國人吃拉麵更是少不了白飯，吃到最後的湯裡再加入店家免費提供的白飯，吃法超精華又道地！

☎07-720-9711　🏠首爾市鍾路區鍾路11街30；서울 종로구 종로11길30　🕐8:30~21:00　🚫週日　💲拉麵類₩7,000，湯飯₩6,000

梨泰院

이태원 ITAEWON

韓國酒館安氏米酒

한국술집 안씨막걸리

韓國酒館安氏米酒除了收錄在《米其林指南首爾》也被選入首爾Top100美食餐廳的餐酒館，餐廳位於經理團路的入口但入口非常隱密，穿過圍籬才能進入餐廳，頗有趣味，喜愛韓國傳統米酒的客人可以品嚐到各種具有魅力的味道和香氣的米酒。餐廳主推現代韓式料理，口味精緻可口，餐廳燈光是經過特別設計點綴，燈光照在桌面上，彷彿就像在月光下喝酒一樣。

🕐18:00~24:00　📞010-4592-3609　📍首爾龍山區檜木路3號1樓：서울 용산구 회나무로 3 1층　💲花枝血腸₩30,000，生牛肉₩27,000

江南

강남 GANGNAM

樂天世界大廈
롯데월드 타워

釜山有座樂天塔，在首爾江南樂天世界旁也出現一座樂天世界大廈，它起建於2011年，於2017年4月開幕。完工後的樂天世界大廈外觀狀似子彈，高556公尺，為世界第6高建築，共計123層樓，其中1~6樓將做為百貨商場之用，86~119樓為樂天酒店，其餘則打造成辦公區、住宅區和公共觀光區，並提供世界最高的觀景台。

🏠 首爾市松坡區奧林匹克路300；서울 송파구 올림픽로 300 🕙週日~四 10:30~22:00，週五、六、國定假日前一天10:30~23:00 ❗售票與最後入場時間至營業結束前1小時

樂天世界
롯데월드

蠶室站的周邊可說是廣義的樂天世界的範圍，在這一大片的區域，有遊樂場、有百貨公司、購物中心、免稅店、星光大道、民俗博物館，還有飯店，可說將所有娛樂休閒一網打盡。遊樂園區分為室內的探險世界和蓋在室外湖面上的「魔幻島」，即使是嚴冬，廣大的室內園區一樣可以提供盡情遊玩的樂趣。

🏠 首爾市松坡區奧林匹克路240；서울 송파구 올림픽로240 ⓜwww.lotteworld.com

在樂天世界一次滿足吃喝玩樂購物。

春天時沿著步道盛開粉嫩的櫻花。

石村湖水公園
석촌호수공원

石村湖水公園又稱松坡渡口公園，石村湖原來是漢江支流後來截斷成為湖泊，之後因「松坡大道」的興建，將它畫分成東、西兩湖，並沿湖泊周邊建立步道、廣植樹木，成為居民休閒、運動的好去處。西湖北邊是面熱鬧的樂天世界「魔幻島」，相較下東湖顯得幽靜許多；這裡也是欣賞樂天世界大廈的角度最佳。

☎02-2147-2109 🏠首爾市松坡區三學士路136；서울 송파구 삼학사로 136 🕙6:00~22:00

江南站地下街
강남역 지하쇼핑센터

走出江南地鐵站，眼前就是看不見盡頭的成排店鋪，從吃的穿的到住的，都可以在這個廣大的地下迷宮找到。由於交通非常方便，又可遮風避雨，在天候不佳或者酷寒的冬季，就會看到通道擠得水泄不通，地上的人潮全部擁到地下街來了。

☎02-553-1898 🏠首爾市江南區德黑蘭路101；서울 강남구 역데란로101 🕙10:00~23:00 🎌農曆新年、中秋節(各店不一) ⓜwww.sisul.or.kr

認識首爾

行前準備

機場介紹

當地交通

主題旅遊

常見問題

有「首爾表參道」之稱的林蔭道，聚集服飾店及咖啡館，是小資女孩最愛逛的地方。

新沙洞林蔭道
가로수길　GAROSUGIL

店內服飾多以具女人味的簡約、柔和設計為主。

INDIBRAND

INDIBRAND是韓國當地品牌，在韓國擁有20多家分店，主要提供簡約風格的服飾，款式每逢幾週就會更新，身受韓國女性的歡迎，而受歡迎的原因之一也是因為價格平實，以如此親切的價格只稍稍比地下街高些，就能購入如此有質感的服飾，也難怪會遍佈全國，在新沙、明洞、新村等地都有分店。

🏠 首爾市江南區島山大路115；서울 강남구 도산대로115 ▼
🕙 10:00~22:00　💲 約₩20,000起

新沙煎餅
신사전

韓國煎餅是一種韓國傳統料理，由各類食材裹上麵糊在平底鍋中煎製而成，除了在重要節日常可見於餐桌，韓國也有句廣為流傳的俗語「下雨天一定要邊吃煎餅，邊喝一杯米酒」，「新沙煎餅」是新式改良的煎餅餐廳，香煎至金黃色的煎餅，搭配上韓國米酒解膩且可口，不喜酒味的人還可以加點蜂巢蜂蜜塊，服務人員還有桌邊服務，直接端出一整塊蜂巢切下一塊部分到酒杯裡，增添香甜風味。

🕙 11:00~01:00　📞 0507-1337-9993　🏠 首爾江南區島山大路11路18；서울 강남구 도산대로11길 18 신사전　💲 綜合煎餅(小)₩28,000/(大)₩33,000，蜂蜜塊₩4,000

新沙洞林蔭道

Aland

Gentle Monster 젠틀몬스터
Starbucks 스타벅스
Aesop 이솝
Chahong Room 차홍룸
Lacoste 라코스테
Godiva 고디바
金北順大鍋家 김북순큰냄비
新沙洞林蔭道 가로수길
Choi Dining 초이다이닝
Polo 폴로
Apple Store 애플스토어
TELLERS9.5 텔러스 9.5
Cafe kincheune 카페키츠네
nJang帳篷 난장캠프
Raendisue doughnut 랜디스도넛
Mega coffee 메가 MG 커피
Massimo Dutti
H&M
Mega coffee 메가 MG 커피
新沙煎餅 신사전
ARTBOX
Olive young 올리브영
地鐵3號線
島山大路도산대로
INDIBRAND
新沙神社
N

TELLERS9.5
텔러스 9.5

喜愛小眾夜景的朋友們，絕對不能錯過這完美的去處！「TELLERS9.5」藏身在飯店大樓，空間不大但視野極佳的陽台能將江南夜景一次納入眼中，若天氣合宜，在半開放的陽台座位與三五好友相聚，小酌聊天實屬生活小確幸，店內也提供咖啡等不含酒精的飲品，可以詢問店員提供菜單。

🕙 10:00~22:30　📞 02-542-2395　🏠 首爾江南區島山大路153 서울 강남구 도산대로153　💲 冰美式₩5,000，酒類依現場價格

狎鷗亭・清潭洞

압구정・청담동 APKUJONG・CHEONGDAMDONG

韓流明星街
K-STAR ROAD

自狎鷗亭羅德奧站2號出口即達的「K-Star Road」以K-POP韓樂明星為主，是首爾向世界各地遊客介紹及宣傳江南地區所設計的街道。明星街自地鐵站旁的Galleria百貨為啟始點，經過SM娛樂公司，全長約1公里。大道上可以看到代表不同韓樂團體的彩繪小熊，像是SUPER JUNIOR、防彈少年團等多組團體。

📍首爾市江南區狎鷗亭路；서울 강남구 압구정로

明星街上的彩繪小熊公仔代表著不同的韓樂團體。

嚕嚕米餐廳
무민카페

位在狎鷗亭路50街以嚕嚕米為主題的專賣店「嚕嚕米餐廳Café Moomin & Me」，是韓國首間專賣店。店家特別在B1樓設置專門的拍照區，1樓則設計為嚕嚕米周邊產品專賣區，2~3樓為咖啡店與餐廳，有咖啡、果昔、馬卡龍、蛋糕等選擇，除了室內用餐區，還特別打造戶外沙發搖椅空間。

📞02-514-7879 📍首爾市江南區狎鷗亭路50街23；서울 강남구 압구정로50길 23 ⏰11:00~22:00 💰襪子₩2,000、手機殼₩14,000起、美妝₩6,000起、咖啡₩3,700起、甜點₩2,500起
🌐moomincafe.co.kr

嚕嚕米專屬拍照區，拍照時少女們各出奇招。

CAFE DIOR
카페 디올

全亞洲唯一House of Dior迪奧之家咖啡館，2015年開幕位置選在在韓國知名富人區的「清潭」，建築外觀如白色花苞層層重疊，不同樓層有著不同展示主題，有包款，居家小物等等，咖啡廳位於最頂樓，向外看去還可以看到其他奢侈大牌的建築，咖啡廳內部採用半開放式吧台，銀灰色系極簡裝置藝術及大理石系列來打造出高雅大氣的用餐空間，店內必點的是有著品牌經典LOGO的熱拿鐵，嫻靜的氛圍能讓購物的疲憊感一掃而空。

⏰11:00~19:00 📞0507-1318-0390 📍首爾江南區狎鷗亭路464 House of Dior 5樓；서울 강남구 압구정로 464 하우스 오브 디올 5층 💰下午茶套餐₩130,000、DIOR LOGO咖啡₩44,000

Le Chamber
르챔버

「Le Chamber」由Diageo世界調酒大賽的頂尖調酒師嚴都煥(EOM DO-HWAN)以及林在貞(LIM JAE-JIN)等調酒界明星團隊創立，是美國1920~1930年代的禁酒令產生的特殊speakeasy bar風格，外表毫不起眼，隱身在普通的大樓地下室，復古華麗卻又帶有摩登時尚，愜意隱祕的氛圍，Le Chamber追求調酒的極致，這也是Le Chamber被視為「高檔次」與「大氣」酒吧的代表。

⏰19:00~02:00 (周末至04:00) 📞010-9903-3789 📍首爾江南區島山大路55街42地下1樓；서울 강남구 도산대로55길 42 지하 1층 💰入場費₩10,000、調酒₩23,000~30,000

認識首爾

行前準備

機場介紹

當地交通

主題旅遊

常見問題

上岩數位媒體城

디지털미디어시티　Dgital Media City

STAR PARK

只要認廣場上的兩尊藍色人像及紅色框框即是抵達MBC廣場上的「STAR PARK」，在這裡除了可以逛逛MBC電視台裡的週邊商品店「MBC BRAND STORE」，仔細看看地板上舖著一個個的手掌印，仿效好萊塢大道製作的星光大道，收集來自韓國一線藝人的手掌印，像是主持人劉在石、演員孔孝真等。

還有來自台灣的林依晨及陳柏霖的手掌印也一併收集於大道上。

🏠MBC廣場內　⏰24小時　💲免費

M! Countdown音樂節目

《M! Countdown》是音樂頻道Mnet所製播的超人氣音樂節目，於每週四下午6點現場直播。當喜歡的藝人發片時，粉絲們可以到位於數碼媒體城附近的CJ E&M Center來排隊進場觀看現場表演（詳細參加辦法可參考各藝人的網站公告），就算因為人太多而無法入場，在場外也有機會看見許多藝人。

🏠首爾市麻浦區上岩山路66；서울 마포구 상암산로66 📞02-371-5501　🌐www.cjenm.com

羊環保瓶。

一日三餐的Jackson

新西遊記裡的男女主角神奇妙漢娃娃。

CJ E&M「MYCT SHOP」

隸屬於CJ集團的CJ E&M說是目前韓國演藝界龍頭老大也不為過，其跨足電視、電影、音樂產業，旗下頻道tvN及Mnet是韓流指標之一。Mnet專攻音樂節目，tvN則製作多元化類型節目，綜藝、戲劇等有口皆碑，其中以羅暎錫團隊監製的《一日三餐》、《尹食堂》、《新西遊記》、《花樣系列》融入日常與旅行，打破綜藝節目原有的格局，帶來極好收視率；另一節目《PRODUCE》系列也為韓流音樂圈帶來選秀浪潮。

位在上岩洞CJ E&M總部一樓更為多樣化節目而推出的周邊商品開設一間「MYCT SHOP」，在商店內可以購買到多樣商品，是迷弟、迷妹必去挖寶的店家！

🏠首爾市麻浦區上岩洞1606；서울 마포구 상암동 1606　⏰週一～五9:00~21:30，週末11:00~21:00　🌐mall.tving.com

首爾城市文藝復興計畫之一，這裡的咖啡香更為聖水洞開啟不同的況味。

聖水洞・首爾林

성수동・서울숲 SEOINGSUDONG・SEOULSUP

明鏡池因能如鏡子倒映對面的鷹峰山和樹林而得名。

Saladaeng Temple
살라댕 템플

聖水洞近年來式韓國大熱景點，除了主街外連這原本乏人問津的地方一夜之間變成熱門餐廳集散地，「Saladaeng Temple」一開幕就以特殊的建築設計攻佔韓國社交平台的版面，餐廳主建築前有水池造景，要進入餐廳十分有儀式感，需等待搭乘接駁船才達門口，餐廳正前方有一個大佛，裝飾風格以東南亞風點綴，不論什麼角度拍照都十分出片。

🕐11:30~22:30 ☎070-8835-2242 📍首爾城東區聖水二路一六街32；서울 성동구 성수이로16길 32 💲泰式三層點心架₩43,000，泰式咖哩鍋₩39,000

Nest of Goose
기러기둥지 성수

韓國聖誕節總是伴隨著熱鬧的節慶氣氛，而到訪聖誕氛圍餐廳更是不可或缺的行程之一，「Nest of Goose」每到佳節就一位難求，推開隱密的小門，印入眼簾的是溫馨歐式小木屋，正中間擺放著大型聖誕樹，圍著聖誕裝飾享受著美食饗宴，是許多情侶創造美好回憶之處。

🕐16:00~23:00 ☎0507-1460-0459 📍首爾城東區延茂路38 2樓；서울 성동구 연무장길 38 2층 💲招牌肉餅₩18,000，番茄雞肉鍋₩23,000

首爾林公園
서울숲공원

公園的野生鹿場可以餵養鹿飼料。

「首爾林公園」建於2006年，占地約35萬坪，因擁有大片森林被譽為韓國版的紐約中央公園，公園植栽超過100種樹林並設計五個主題公園，一為「文化藝術公園」，設有廣場、戶外舞台、人工湖、球場等休閒空間；二為「自然生態林」，依動物原生態棲息地而建築，並放養梅花鹿、松鼠等動物；三為「自然體驗學習園」，利用舊有的淨水廠設施建成畫廊庭院、溫室、野生花草園等；四為「濕地生態園」，有藻類觀察台、環境遊樂園、淨水植物園等體驗空間；五為「漢江水邊公園」，在此設有470公尺與漢江渡口相連的步行橋，可散步或是騎乘自行車。

☎02-460-2905 📍首爾市城東區纛島路273；서울 성동구 뚝섬로 273 🕐24小時 🌐parks.seoul.go.kr/seoulforest

認識首爾

行前準備

機場介紹

當地交通

主題旅遊

常見問題

仁川

인천 INCHEON

公園內有兔子島及梅花鹿農場，看著小動物們很是療癒。

中央公園

센트럴파크

被許多高樓大廈所圍繞的這片面積達101英畝的綠地，是利用海水製作水道的韓國第1個海水公園，概念來自於紐約中央公園。水道旁有綠地與蘆葦田打造而成的寬闊散步道路，區分為散步公園、露台庭園、草地園等，共5種主題庭園，加上公園附近展現未來感的各種建築，呈現出多樣化的美景與風情。

🚇仁川1號線中央公園站4號出口即達 🏢仁川延壽區Technopark路196；인천 연수구 테크노파크로 196 🕐24小時；水上計程車10:00~17:00，每30分1班，船程20分 💰免費，東側船屋：水上自行車(1人)₩10,000，(2人)₩15,000/透明獨木舟(40分鐘)₩25,000/立槳划板 ₩10,000；西側船屋(水上計程車)：成人₩4,000，兒童₩2,000 🌐www.insiseol.or.kr

SPRING區有是由人造運河貫穿的美麗逛街大道。

AUTUMN區的玉樓夢是古早味紅豆冰專店。

NC CUBE CANAL WALK

NC큐브 커넬워크

NC CUBE CANAL WALK是個可以享受美食與購物的特色空間，分為春夏秋冬4個區域，由人造運河貫穿，運河兩旁商家和餐廳林立，每區皆有時裝、生活居家、運動用品等商品，可以先在地圖上找好目標再開始逛，逛累了就坐在戶外座位上享受悠閒時光。

🚇仁川1號線中央公園站4號出口徒步約20分 📞032-723-6300 🏢仁川延壽區藝術中心大路87；인천 연수구 아트센터대로 87 🕐4~10月11:00~21:30，11~3月10:30~21:00，週末營業至22:00

中華街

인천차이나타운

這個韓國最大的中華街，是從古時候與中國的貿易往來開始發展的。1883年清朝領事館成立，華人在現在的仁川中華街慢慢增加及聚集。1894年11月，中國與韓國簽訂「清商保護規則」，華人移居的情形又更大幅度增加，來自中國各地地，其中山東人最多，中式餐館也陸續出現。

🚇1號線、水仁線仁川站1號出口即達 🏢仁川中區中華街路；인천 중구 차이나타운로 🕐各家不一

中華街一旁的仁川藝術攝影棚，是許多戲劇的拍攝景點。

燕京大飯店的白炸醬麵甜而不膩，三鮮炒馬麵也令人難忘。

日落時海鷗在月尾島空中盤旋飛翔，畫面美麗。

面海的文化大街和周邊全是海產店，可以盡情享受新鮮料理！

搭乘海盜船和觀賞爆笑口袋是兩大重點！

月尾島

월미도

月尾島周長4公尺，距仁川前海1公里，以號稱最高海盜船和超趣味整人大轉盤等遊樂設施的復古遊樂園、成天飛舞的海鷗、和美麗夕陽廣為人知，海水退潮時有大片沙灘露出水面可以盡情玩水，是仁川和首爾民眾假日休憩的好所在。

🚇1號線、水仁線仁川站1號出口前搭公車2、23、45號，約10分後於終點月尾島站下車 🏢仁川中區月尾路252；인천 중구 월미로 252

坡州位在首爾北邊，板門店即是位在坡州市內，這裡除了好山好水，更有許多特色主題景點。

坡州

파주 PAJU

Heyri文化藝術村

헤이리문화예술마을

占地約50公頃的Heyri文化藝術村是一個集合韓國國內作家、藝術家、建築師以及音樂家等創作作品的文創園區，可從住宅、工作室、美術館、咖啡館、博物館等建築物，看到許多新穎且具現代感的設計，同時也聚集許多兼具展覽館、咖啡館及餐廳的複合式休憩空間。

🚌搭200、2200號巴士，於Heyri(헤이리)下車，徒步約5分
☎031-946-8551 🏠京畿道州市炭縣面Heyri村路93-120；경기도 파주시 탄현면 헤이리마을길93-120 ⏰依場館而異 🈺依場館而異(大部分中午過後營業、週一休) 🌐www.heyri.net

書與咖啡，成為具有特色的咖啡廳

Book House結合圖

坡州出版都市

파주출판도시

占地約50萬坪的「坡州出版都市」為韓國文化觀光部所屬的機關外，也是韓國出版業的大本營，超過200間的出版社齊聚於此，出版書籍的策畫、編輯、印刷等程序皆於此完成。因應觀光產業發展開設咖啡、圖書館複合式營業的「亞洲出版文化資訊中心(Asia Publication Culture&Information Center)」，並結合藝廊、民宿等空間。

🚌搭200、2200號巴士，於隱石橋十字路口(은석교사 거리，Eunseokgyo Crossroad)下車，徒步約5分 🏠京畿道坡州市回東路145；경기도 파주시 회동길 145 ⏰展覽空間各異 🈺各家不一，多為週一 🌐www.pajubookcity.org

事書、玩偶及作者手稿。
集來自各地小木偶相關的故
PINOCCHIO MUSEUM收

交通方式

要前往坡州可以從2、6號線合井站出發，自1號出口出站前方即可看到200、2200號巴士站牌，車程約30~40分鐘可達坡州市各景點，班次間隔較長，建議行程安排得鬆一點，更能輕鬆遊玩。

智慧森林

지혜의숲

位在亞洲出版文化資訊中心(Asia Publication Culture&Information Center)裡的「智慧森林」是利用咖啡、圖書館的複合式經營所打造出來的空間。1~2館以書本為主題，打造出大片的書牆、廣大的閱讀空間，和分類清楚、收藏豐富的書籍，提供讀者舒適閱讀環境；3館將書籍和咖啡館做結合。

🚏同坡州出版城市 ☎031-955-0082 🏠京畿道坡州市回東路145；경기도 파주시 회동길 145 ⏰1館10:00~17:00、2館10:00~20:00、3館24小時 💲免費，咖啡₩4,000起 🌐forestofwisdom.or.kr

RED LIFE

레드파이프

這家位於坡州的超大型的咖啡廳佔地15,000平方米面積，是可以容納近400人的超大型酒吧兼咖啡店，挑高玻璃與屋頂讓咖啡廳看起來更加寬廣，室內還栽種了綠植，就像一個小型市內公園十分愜意，販售的麵包也頗受好評，吸引不少遊客慕名而來。

⏰08:30~22:00 ☎0507-1421-1000 🏠京畿坡州市指木路17-7；경기 파주시 지목로 17-7 레드파이프 💲咖啡飲品₩7,500~8,500，點心₩4,000-8,000

認識首爾

行前準備

機場介紹

當地交通

主題旅遊

常見問題

加平・楊平

가평・양평　GAPYEONG・YANGPYEONG

晨靜樹木園
아침고요수목원

位在祝靈山的晨靜樹木園，更說是韓國人的後花園，其占地超過9萬坪的庭園內，有35個以上不同的主題庭園，也有提供餐廳、商店等休憩空間，以及依季節不同舉辦的各式主題花季，在萬物俱寂的冬季12至隔年3月，園方利用多色燈光打造出五彩星光庭園等眾多特色活動。

🚇京春線清平站2號出口，轉乘加平觀光巴士(往晨靜樹木園아침고요수목원方向)　☎1544-6703　🏠京畿道加平郡上面樹木園路432；경기도 가평군 상면 수목원로 432　🕐夏季8：30～20：00、冬季11:00～21:00(週六延長至23:00)　💲成人₩11,000、青少年₩8,500，兒童₩7,500　🌐www.morningcalm.co.kr

樹木園一年四季都可看到不同的自然景色，在每個季節展出不同花卉花季。

北漢江鐵橋
북한강철교

在兩水頭附近的北漢江鐵橋又稱為兩水鐵橋自行車道(양수철교 자전거길)，是橫跨江面的自行車道，全長約560公尺，屬南漢江自行車道路段的其中一個景點。因韓劇加持及多位歌手皆在此拍攝MV，讓這裡又更受歡迎。

🚇中央線兩水站1號出口徒步約10分

早晨時分是最推薦來訪的時間，沒什麼遊客相當清幽。

兩水頭
두물머리

兩水里，是來自金剛山的北漢江與源自江原道金台峰山麓儉龍沼的南漢江交會處，過去這裡作為水路樞紐，連接了江原道旌善郡、忠清北道丹陽郡，和水路終點——首爾纛島與麻浦碼頭。韓劇中出現的大畫框、河岸邊的老欅樹、孤單的船隻，以及冬季雪景、夏季蓮花和夕陽，都是受歡迎的攝影場所。

🚇中央線兩水站1號出口徒步約20分　🏠京畿道楊平郡楊西面兩水頭街125；경기도 양평군 양서면 두물머리길 125

小瑞士村
에델바이스스위스마을

歐風小木屋及不同主題的場地，照片一張接一張的拍。

位在加平禾也山下的「小瑞士村」，雖然沒有列在觀光巴士的行經地點，因浪漫歐風小木屋建築而聞名，雖然來這裡的路途稍嫌遙遠，但美麗建築、乾淨的空氣、環山圍繞的山景，也沒有擁擠的人潮，讓人心曠神怡。

🚇京春線清平站1號出口出站，轉搭計程車，車資約₩20,000；2號線蠶室站5號出口直行約1分，轉搭長途巴士7000號至「雪嶽巴士(설악버스 터미널)」，車程約80分鐘，車資約₩2,900，再轉搭計程車，車資約₩5,000~6,000　☎031-581-9400　🏠京畿道加平郡雪岳面多樂嶺路226-57；경기도 가평군 설악면 다락재로 226-57　🕐平日10:00~18:00、週末9:00~18:00　💲車資約₩5,000、計程車約₩10,000，全票₩10,000 優待票₩5,000~8,000　🌐www.swissthemepark.com

首爾近郊

認識首爾

行前準備

機場介紹

當地交通

主題旅遊

常見問題

來到春川一定不能錯過香辣夠勁的炒雞排，天然環境成為外圍城市居民的周休旅遊地。

春川
춘천 CHUNCHEON

江村鐵路自行車
강촌레일파크

《Running man》加持下，變身人氣觀光景點

在依山傍河、利用廢棄鐵道改裝成的江村鐵路自行車道上，排著一個個2人或4人座自行車，來回8.5公里的江村鐵路自行車，是利用京春線遺留的鐵路而改建，

不須龍頭掌控方向，只須用腳踩動踏板，就能迎風看山河，中途經過隧道也別害怕，那不是黑漆漆的隧道，而是閃爍著LED燈和播放著樂曲的浪漫之路。

京春線金裕貞站下車即達　033-245-1000~2　江原道春川市新東面金裕貞路1385；강원도 춘천시 신동면 김유정로1385　9:00~18:30每小時1班；從金裕貞站騎乘40分鐘後抵達休息處，轉搭浪漫列車40分後至江村站，再轉搭接駁巴士返回金裕貞站　免費(搭乘費用2人座₩40,000、4人座₩56,000)　www.railpark.co.kr

南怡島
남이섬

因為韓劇《冬季戀歌》而聲名大噪的南怡島，未曾因為時間久遠讓它的美麗褪色，一到晚上，咖啡屋外會點起蠟燭，一盞盞燭光營造出不同白日的靜謐氣氛。這島上的浪漫美景不僅至今仍是遊客樂於造訪的目的地，也是韓國情侶們假日約會的好去處。

京春線清平站或加平站轉搭加平觀光循環巴士，車資₩6,000　031-580-8114　江原道春川市南山面南怡島街1；강원도 춘천시 남산면 남이섬길1　全票₩16,000，青少年/長者票₩13,000　www.namisum.com

春川明洞
춘천명동

春川明洞購物商圈麻雀雖小，卻五臟俱全，平日就聚集不少年輕人，周末假日還不定期在街上展示學生的素描及雕塑作品，更添年輕藝文氣息。地下購物商街，分有時裝街、青春街等各式主題購物區，流行衣飾、生活雜貨、化妝品等琳瑯滿目。中央區為設有噴水池的相會廣場，是春川年輕男女熱門約會地。

春川站前的巴士站搭巴士63號於明洞入口站下，車程約10分　江原道春川市朝陽洞；강원도 춘천시 조양동

春川辣炒雞肉是韓國人都認證的美味！

春川雞排一條街
닭갈비골목

從春川明洞旁岔出一條小巷，就是著名的春川雞排街。經過辣椒醬料醃製的雞肉加上蔬菜、大把青蔥，還有香Q的炒年糕條，在大鐵鍋炒得香氣四溢，最適合三五好友或家族同享。春川人建議吃完雞排後，再來一碗口感極佳的春川蕎麥冷麵，連首爾人都願花1~2小時車程，到春川享用這絕讚好味。

從春川明洞徒步約5分

靠海的江陵地區以海水製豆腐聞名，近來因為海灘咖啡街而受到注目。

江陵
강릉 GANGNEUNG

正東津車站
정동진

位於江陵市北端的正東津車站，是全世界離海岸線最近的火車站。每逢炎熱的夏季，鄰近潔白沙灘上總可看到成群的戲水人潮，正東津車站月台需購票才可入內，也可選擇從北邊的東海車站搭乘火車，只要半個小時就可抵達正東津車站，不僅能體驗當地民生活，列車沿途緊鄰東海岸行駛，窗外稍縱即逝的山海景觀讓人目不暇給。

🚃 1號線清涼里站搭往正東津的火車，車程約6小時

人多時鑽石座椅需要排隊才拍得到。

江門
강문

江門可說是因為韓劇而人氣高漲的江陵海灘之一，來到這裡可以看到韓劇《她很漂亮》中出現的鑽石座椅、相框，和各種特別的造景，非常適合情侶在這裡外拍、三五好友在這裡也能留下美好回憶。

🚃 2號線江邊站的東首爾綜合巴士客運站搭乘到江陵，至江陵高速巴士客運站搭乘202-1、202-2公車至허난설헌삼거리公車站，需時約30分下車徒步15分

在拍攝鬼怪的知名場景，許多遊客也學著劇中畫面留下紀念。

注文津
주문진

注文津海灘的名氣沒有江門和安木這麼大，單純以新鮮的海產而知名，在超級火紅的韓劇《鬼怪》來此拍攝後，人氣扶搖直上，每天都有旅行團來此朝聖，甚至在拍攝場景做起出租花束的生意，給每個來朝聖的國內外旅客增添趣味！

🚃 1、4號線首爾站搭火車至江陵車站，於車站外搭乘300、301公車至주문진중 고등학교 강릉정보고公車站，需時約50分，再往海邊徒步10分

天氣好時坐在咖啡館露台吹著涼風看海，好不愜意。

江陵安木咖啡街
강릉안목카페거리

江陵有許多知名的海灘，正東津就是其中之一。而近年來安木、江門等海灘也隨之興起，特別是安木海灘進駐了相當多的咖啡店，都主打可欣賞海景，一整排海景咖啡店讓這裡有了江陵咖啡街之稱，是韓國人非常喜歡的渡假勝地。

🚃 2號線江邊站的東首爾綜合巴士客運站搭乘到江陵，至江陵高速巴士客運站外搭乘308-1公車至安木咖啡街公車站，約30分

常見問題

受傷、急病、遭竊、迷路…旅行中總是會遇上各式各樣的問題，尤其在語言不通的環境下更讓人心慌，本篇特別解答旅人會遇到的緊急狀況、不熟悉的當地習慣，雖然都是小提醒，卻可以讓旅行途中更安心。

文／墨刻編輯部
攝影／墨刻攝影組

緊急問題

報案專線：112　**火警**：119
　2023年07月起，外國人撥打112報警時，可要求警方提供翻譯服務，主要翻譯語言為中文與英文，讓旅客能順利説明需要協助的緊急狀況。

生病受傷

緊急醫療中心：1339
　韓國在12個地區設有緊急醫療中心，由專業的急救人員和護士群全天24小時輪番待命，接獲申報電話，醫療小組了解狀況後，提供最佳的處理方式，情況危急時，還可代為連絡119，將患者移送至最適合的醫院。

醫院就醫
　如果身體不適，有必要看醫生時，不妨到比較大的綜合醫院，應該至少能用英語溝通。首爾有些醫院特別開設了外國人門診，病人與醫生間的溝通可更為暢通。
　韓國的醫療費用不算貴，一般門診約1萬韓幣上下，如果出國前有投保海外醫療險，記得向醫院索取醫療證明、付費收據等，以便日後辦理理賠。

首爾峨山醫院 ⚑首爾特別市松坡區奧林匹克路43街88；서울특별시 송파구 올림픽로43길 88 서울아산병원 ☎+82-2-3010-5001(英)、+82-2-3010-2665(中)、+82-2-3010-7944(日)、+82-2-3010-7453(蒙)、+82-2-3010-7941(阿)、+82-2-3010-2486(越) ◷平日 08:30～17:30/週末、國定假日公休 ❶週六診療與否因科別而異，請事先確認

新村Severance醫院 ⚑首爾特別市西大門區延世路50-1；서울특별시 서대문구 연세로 50-1 신촌세브란스병원 ☎國際診療處+82-2-2228-5800(英日中俄) ◷平日 9:30～12:00、14:00～17:00/週六 9:30～12:00/週日、國定假日公休

三星首爾醫院 ⚑首爾特別市江南區逸院路81；서울특별시 강남구 일원로 81 삼성서울병원 ☎+82-2-3410-0200(英中俄) ◷平日 08:00～17:00/週末、國定假日公休

首爾大學醫院 ⚑首爾特別市鐘路區大學路101；서울특별시 종로구 대학로 101 서울대학교병원 ☎+82-2-2072-0505 (英中俄法阿)、0130-484-0505(急診專線) ◷平日09:00～17:30／週六09:00～13:00/週日、國定假日公休

天主教大學首爾聖母醫院 ⚑首爾特別市瑞草區盤浦大路222；서울특별시 서초구 반포대로 222 가톨릭대학교 서울성모병원 ☎+82-2-2258-5745~6(英日俄阿) ◷平日 08:30～16:30/週末、國定假日公休 ⏰午休時間12:00～13:30 ❶最後掛號時間為結束時間前30分鐘

江南Severance醫院 ⚑首爾特別市江南區彥路211；서울특별시 강남구 언주로 211 강남 세브란스병원 ☎國際診療中心+82-2-2019-3600(英中俄阿) ◷平日08:00～17:30/週六 08:30～12:30/週日、國定假日公休

高麗大學醫院安岩院區 ⚑首爾特別市城北區高麗大路73；서울특별시 성북구 고려대로 73 고려대학교안암병원 ☎+82-2-920-5677(英中俄蒙阿) ◷平日09:00～17:30/週六9:00～12:00/週日、國定假日公休

慶熙醫院 ⚑首爾特別市東大門區慶熙大路23 서울특별시 동대문구 경희대로 23 경희의료원 ☎+82-2-958-9644、+82-2-958-9477(英日中俄) ◷平日09:00～17:00/週六9:00～12:00/週日、國定假日公休

觀光警察

02-700-6277（可使用中文）

不合理收費現金賠償服務

賠償申請專線：1800-9008 旅客服務中心
外國遊客若於首爾市旅遊特區遭遇不合理收費狀況，將提供現金賠償服務。
賠償對象：外國遊客（韓國滯留時間不滿一個月）
賠償區域：僅限旅遊特區（梨泰院、明洞、南大門、北倉洞、東大門、鍾路清溪川、茶洞、武喬洞）
賠償內容：購物、餐飲、住宿的不合理收費（路邊攤、交通工具、旅行社合約不合理收費除外）
賠償限額：1人最多50萬韓元（從受理日開始至補償金發放時所需處理時間為30日以內）
　※僅限從受害日開始14日內為受理人進行審議、補償處理手續

認識首爾

行前準備

機場介紹

當地交通

主題旅遊

常見問題

（ 實用專線 ）

旅遊諮詢熱線：1330

1330是由韓國觀光公社與韓國各地方政府共同營運的旅遊諮詢熱線，只要遊客在旅途中遇到景點、住宿、購物等任何方面的問題，都可撥打1330尋求協助。

1330提供全天24小時的英、日、中、韓語服務，除了提供專業的觀光旅遊諮詢服務外，當外國遊客發生出入境、安全事故、醫療、治安、遺失物申報及觀光不便事項申訴等問題時，將幫忙連接1345法務部、或是119消防防災廳等相關機構，解決所有旅程中的相關疑難雜症。

1330旅遊諮詢熱線服務時間為24小時，全年無休，依照一般市內通話計費。

❶ 俄語、泰語、馬來西亞、印尼語及越南語服務時間為每天8:00~19:00。

人在韓國撥打方式

家用電話、公共電話：直撥1330

手機：區碼+1330〈例如詢問首爾的相關資訊，則撥02-1330〉

人在其他國家撥打方式

國際冠碼+82+區碼+1330〈例如跨海尋求首爾相關資訊協助，則撥002-82-2-1330〉

免費通話APP（使用Wi-Fi時可免費通話）

通訊APP

bbb KOREA翻譯熱線：1588-5644

bbb翻譯服務是一群自願義工，透過行動電話專門幫訪韓的外國人解決語言不通的問題，支援多達17種國際語言。

遊客一旦遇到語言溝通上的困難，只要以手機撥打1588-5644，然後再按所需語言的代號，電話就會自動轉接到負責中文翻譯的義工的手機，線上即刻協助溝通。全天24小時提供服務，全年無休。

茶山諮詢熱線：120

原只提供給韓國人的諮詢電話，於2010年開始服務外國人，在韓國旅遊時遇到的大小事、翻譯、旅遊情報皆可詢問。

◔ 週一~五9:00~19:00

（ 證件財物遺失 ）

護照遺失

先打電話向警察局報案，取得報案證明，然後拿著報案證明到台灣駐韓代表辦事處申請補發。

報案專線：112

報案專線：112提供外語翻譯服務，可幫忙翻譯英、日、中、法、俄、德、西班牙等語言。翻譯服務時間周一至周五8:00~23:00，周六、日9:00~18:00。

台灣駐韓代表辦事處

☎02-399-2780 ✉tmikid@chollian.net
📍首爾市鍾路區世宗路211〈光化門大廈6樓〉

信用卡遺失

第一件事就是先掛失，將損失降到最低，大部份信用卡公司也提供海外補發緊急信用卡的服務，以方便接下來的行程。

以下是幾家信用卡公司的海外掛失服務電話，也可直接至當地機構辦理：

VISA信用卡國際服務中心 ☎00308-44-0050
Master信用卡國際服務中心 ☎1-636-722-1111
JCB韓國免費服務熱線 ☎001-800-3865-5486

一般問題

怎麼用手機打電話

打回台灣的話，請打+886加上電話號碼去掉第一個零即可。如果打韓國電話則直接打，例如手機的話就是直接撥010-XXX-XXXX。

公共電話打電話

韓國隨著手機普遍，公共電話已逐年減少，但是在機場、地鐵站、巴士站等場所則很容易找到公共電話的話機。

韓國的公共電話，原本分投幣式和插卡式，最方便是直接用T-Money打電話；也可以到便利商店購買電話卡，面額有3千、5千和1萬。

打至韓國國內

和在台灣使用方式一樣，市內電話直接撥號碼；市外長途電話：區碼+電話號碼。

韓國各地區碼一覽

地區	首爾	京畿	仁川	江原	忠南	大田	忠北	釜山
區碼	(0)2	(0)31	(0)32	(0)33	(0)41	(0)42	(0)43	(0)51
地區	蔚山	大邱	慶北	慶南	全南	光州	全北	濟州
區碼	(0)52	(0)53	(0)54	(0)55	(0)61	(0)62	(0)63	(0)64

打至韓國國外

國際冠碼〈001／002／008〉+受話方國碼+區碼+電話號碼。

例：從韓國打回台灣的台北
001〈或002或008〉+886+2+電話號碼

韓國的國定假日

韓國有兩大特定節日：春節、中秋節，有許多店家在這兩天一定會放假，行前一定要查清楚以免撲空。在韓國除了這兩大節日，還有什麼國定假日呢？

1月1日	新年
1月1日（農曆）	春節
3月1日	三一節
5月5日	兒童節
4月8日（農曆）	釋迦誕辰日
6月6日	顯忠日
6月13日	地方選舉日
8月15日	光復節
8月15日（農曆）	中秋節
10月3日	開天節
10月9日	韓文節
12月25日	聖誕節

充電要帶轉接頭嗎？

需要。韓國電壓為220v(伏特)、60Hz(赫茲)，插頭形狀為圓型兩孔。若沒有準備變壓器或轉換插頭，可以向飯店櫃檯租借或在機場、免稅店、便利商店、購物中心購買。

怎麼寄明信片？
大概多少錢？

現在韓國街頭已少見郵筒，如有找到可以貼好郵票再投進紅色郵筒的他地域郵便（市外、國際郵件）即可，郵票可在郵局、文具店購買，或委託飯店櫃檯。亦可直接到郵局（KOREA POST）辦理，營業時間一般為9:00~18:00，週末假日公休。明信片空運費用₩430、海運為₩310（非所有國家都有配合海運作業）。郵遞時間約1週。

如果真的找不到寄送地方，可以到明洞旅遊訊息中心（2號線乙支路入口站5號出口），這裡除了旅遊服務，也有提供明信片寄送服務。

相關韓文單字

郵局 **우체국**　　郵票 **우표**　　市外、國際郵件 **타지역 우편**

韓國禮儀

認識首爾

行前準備

機場介紹

當地交通

主題旅遊

常見問題

飯碗勿端起

在台灣，吃飯的時候如果不端起飯碗、而是以口就碗，通常會被斥責為沒有規矩；但是在韓國適得其反，如果進食的時候把碗端起來，反而會被認為是沒禮貌。

因為在韓國人的觀念中，吃飯要慢慢地享受，只有貧窮低下的人匆匆吃完要趕去繼續工作，才會把碗拿起來快速解決。

勿坐博愛座

韓國的地鐵、公車等大眾交通工具上，都設有博愛座專區，一般年輕人無論車廂多麼空或多麼擁擠，都不會去坐那些位子，否則必招來側目。

如果四肢健全的年輕人大喇喇地坐在博愛座上，被公然斥責也無話可說，畢竟這些是為了長者、孕婦或身體不方便的人士所保留的位子，我們應予以尊重。

大鍋湯不用母匙

我們平常吃飯不一定有公筷，但喝湯一定用母匙。但是韓國人喝湯時幾乎都不會出現共用的大湯匙，而是用自己手中的湯匙直接舀來喝，要有心理準備。如果實在無法忍受這種方式的口水交流，就儘量點用個人份的料理。

泡菜免費續吃

在台灣餐廳或麵館裡的小菜通常以盤計費；在韓國，進入餐館坐定、點了主菜之後，各式各樣的小菜就會一盤盤端上來，當然包含不同種類的泡菜，而且都可免費續吃。

即使是非常小的麵館，小菜可能只有一種泡菜，也同樣可以續吃，有的店主或服務人員還會不斷巡視，看到客人盤子裡的泡菜沒了，還會主動幫忙添加。有些店的泡菜在製作的時候，是把整顆大白菜葉放入醃漬的，所以端泡菜上來的時候可能附上一把大剪刀，就是讓食客剪泡菜用。

敬語很重要

韓語的對話裡，男、女、尊、卑分得非常清楚，在韓劇中經常聽到一句台詞：「我是你的朋友嗎？」意思類似：「我是你的長輩，對我講話尊敬點！」對長輩講話必須用敬語。此外，韓語有些發音，是我們的國台語裡沒有的，幸好我們是外國人，說得不對應該能獲得理解。如沒有把握，一句話的字尾再加上「呦」，感覺上較婉轉、尊敬。

初次見面就問年齡才禮貌

韓國人對輩份相當重視，幾乎只有同齡者才能當朋友，就算僅1歲之差也差很多，必須說敬語、必須稱呼哥哥或姊姊，因此知曉「年齡」就是非常重要的人際關係第一關。和韓國人初次見面時，被問到年齡也別尷尬，因為這是他們待人處事之道。

外帶咖啡後不能內用

2018年8月起，韓國政府施行限塑政策，咖啡店和快餐店禁止在店內使用一次性塑料杯，只有在外帶的情況下才可以使用，因為罰款相當重，所以大多店家十分嚴格禁止外帶的客人坐在室內，許多外國觀光客可能因為短暫休息而不小心誤觸店家雷區。

韓國退稅

韓國在一般購物商場甚至小型商店都會有退稅機制，2024年一月起單筆消費金額在₩15,000以上、未滿₩100萬，且每人每趟旅程的總消費金額不超過₩500萬，就可以填寫退稅單，等離境時再在機場辦理退稅。

在樂天超市、Olive Young、部份美妝店家購物單筆₩30,000~未滿₩20萬可享現場扣除消費稅（結帳時需出示護照），即直接將退稅金額扣除在結帳金額中，精打細算的旅人們可別忽略自己的權益。

機場自助電子退稅機 KIOSK

自2014年開始，在仁川與金浦機場都備有自助電子退稅機(KIOSK)，機台上除了有韓文介面，還有中文、英文、日文等10國語言，而且現場都會有會講中文的服務人員，你只要把單據填妥收集好交給服務人員，他們就會直接幫你操作機器，讓你更快完成手續。

Step 1

只要在韓國同一家店購物超過₩15,000，結帳時跟櫃台說明要退稅(Tax Refund或Tax Free)並出示護照，店員在給你收據時也就會提供退稅單。

Step 2

將退稅單與購物收據收齊，並填妥退稅單上的所需資料，如英文姓名、護照號碼、地址和簽名等。

Step 3

前往機場辦理退稅，先至航空公司櫃台Check in (因為有登機證才能辦理退稅)，並將行李秤重和掛上行李條，但此時請注意：
(1)如果退稅單單張金額沒有超過₩75,000，此時可將行李直接交由櫃台拖運。
(2)但如果超過₩75,000，就要請櫃台將裝有這些退稅物品的行李還你，因為退稅時海關可能得檢查你是否真的有買這些商品。

Step 4

帶著登機證、退稅單、護照、（行李），前往機場D、J區後方的自助電子退稅機器前。

190

認識首爾
行前準備
機場介紹
當地交通
主題旅遊
常見問題

Step 5

將每張退稅單登入，並同時掃描護照。此時，只要不是太早或太晚的時間，現場都有會說中文的服務人員，只要將登機證提供檢查，並將護照和退稅單交給他們，他們會直接替你操作機器，非常方便。

Step 6

超過₩75,000的單張退稅單，需再至旁邊的海關蓋章，如沒超過就不用了。現場的中文服務人員也會告訴你該怎麼做。特別提醒的是，如果你已經在市區辦理退稅，此時也要將這張退稅單(同時帶著退稅商品備查)交給海關處才算完成手續。

Step 7

以上步驟完成後，如有行李，就需將帶至海關旁的拖運行李處交付拖運。

Step 8

準備安檢和辦理出境。

Step 9

入關後，第一航廈至Gate26或Gate27、第二航廈至Gate249或Gate253拿退稅金額，可選擇電子退稅機或人工櫃台。

(1)自助電子退稅機：同樣有會說中文的人員為你服務，你只要將護照交給他們，之後即可領取現金；如果是自己操作，機器同時提供中文介面，只要掃描護照後，即可領取現金和明細。

(2)人工櫃台：將護照和單據交給櫃台，並告知想要領取的幣別(有韓幣、美金、人民幣)，也是當場領取現金和明細。但如果櫃台關閉(上班時間7:00~22:00)又不想使用退稅機，則需將單據上的信用卡資料填寫清楚，並投入櫃台旁的小信箱，1~2個月後就會將退稅金額退至信用卡內。

新手看這裡

市區退稅服務

為方便遊客，現在韓國政府推出了在首爾市區就可以辦理退稅的服務，包括以下退稅公司。只要在店裡看到這些標章其中一個，就代表購物滿₩15,000可以退稅。

退稅時只要出示購買商品、退稅單、護照和信用卡，即可當場辦理退稅和領取現金，但特別提醒的是，這張已稅退的單據仍然要在機場離境時交給海關(同時帶著退稅商品備查)，才算完成手續。

至於最近的退稅處可以在結帳時詢問店員(如在大型購物商場，則有可能在同一樓層)，現在在首爾許多店家，都會雇用中文服務人員，讓大家在買物時沒有溝通障礙。

當然，如果在市區沒有退到稅，到機場一樣可以辦理，以下退稅公司都提供上述的自助電子退稅機服務，

Global Blue TAX FREE和Global TAX FREE另外還提供櫃台人工退稅。

Global Blue TAX FREE(藍色退稅標章)
🌐 www.globalblue.com(中、英)

Global TAX FREE(橘色退稅標章)
🌐 web.gtfetrs.com/en/index.page (中、英、韓、日)

TAX FREE kt tourist reward(紅色退稅標章)
🌐 www.koreataxfree.com/index.do (中、英、韓、日)

EASY TAX FREE(綠色退稅標章)
🌐 www.easytaxrefund.co.kr/ENG/ (中、英、韓、日)

Cube REFUND(水藍色退稅標章)
🌐 www.cuberefund.com/(中、英、韓、日)

TAX Refund plus
🌐 www.taxrefund-plus.com/chTd/index.do(中、英、韓、日)

SJ TAX FREE
🌐 www.sjtaxfree.com/en/index.do(中、英、韓、日)

eTAX FREE
@ help@etax-free.com(中、英、韓、日)

一看就懂旅遊圖解 Step by Step NO.28

出發！

首爾自助旅行

2024~2025

作者李聖依・墨刻編輯部
攝影墨刻攝影組
編輯趙思語
美術設計許靜萍・羅婕云
封面設計羅婕云
地圖繪製墨刻編輯部・許靜萍・羅婕云

出版公司
墨刻出版股份有限公司
地址：115台北市南港區昆陽街16號7樓
電話：886-2-2500-7008／傳真：886-2-2500-7796／
E-mail：mook_service@hmg.com.tw
發行公司
英屬蓋曼群島商家庭傳媒股份有限公司城邦分公司
城邦讀書花園：www.cite.com.tw
劃撥：19863813／戶名：書虫股份有限公司
香港發行城邦（香港）出版集團有限公司
地址：香港九龍土瓜灣土瓜灣道86號順聯工業大廈6樓A室
電話：852-2508-6231／傳真：852-2578-9337／
E-mail：hkcite@biznetvigator.com
城邦（馬新）出版集團 Cite (M) Sdn Bhd
地址：41, Jalan Radin Anum, Bandar Baru Sri Petalin g,
57000 Kuala Lumpur, Malaysia.
電話：(603)90563833／傳真：(603)90576622／
E-mail：services@cite.my
製版・印刷漾格科技股份有限公司
ISBN978-986-289-996-0・978-986-289-995-3 (EPUB)
城邦書號KV1028 **初版**2024年3月 **二刷**2024年6月
定價320元
MOOK官網www.mook.com.tw
Facebook粉絲團
MOOK墨刻出版 www.facebook.com/travelmook
版權所有・翻印必究

執行長何飛鵬
PCH集團生活旅遊事業總經理暨墨刻出版社長李淑霞

總編輯汪雨菁
資深主編呂宛霖
採訪編輯趙思語・李冠瑩
叢書編輯唐德容・林昱霖
資深美術設計主任羅婕云
資深美術設計李英娟
影音企劃執行邱茗晨

資深業務經理詹顏嘉
業務經理劉玫玫
業務專員程麒
行銷企畫經理呂妙君
行銷企畫主任許立心
行政專員呂瑜珊

印務部經理王竟為

墨刻整合傳媒廣告團隊
提供全方位廣告、數位、影音、代編、
出版、行銷等服務
為您創造最佳效益
歡迎與我們聯繫：
mook_service@mook.com.tw

國家圖書館出版品預行編目(CIP)資料

出發!首爾自助旅行：一看就懂旅遊圖解Step by
Step. 2024-2025 / 李聖依，墨刻編輯部作. -- 初版.
-- 臺北市：墨刻出版股份有限公司出版：英屬蓋
曼群島商家庭傳媒股份有限公司城邦分公司發行,
2024.03
192面；16.8×23公分. -- (一看就懂旅遊圖解；28)
ISBN 978-986-289-996-0(平裝)

1.CST: 自助旅行 2.CST: 韓國首爾市

732.7609   113002278